AF388071

Benoit Tremsal

Die Kunstpraxis in der Mühl-Kommune

Wenn Leben und Kunst verschmelzen sollen

disserta
Verlag

Tremsal, Benoit: Die Kunstpraxis in der Mühl-Kommune. Wenn Leben und Kunst verschmelzen sollen, Hamburg, disserta Verlag, 2016

Buch-ISBN: 978-3-95935-284-0
PDF-eBook-ISBN: 978-3-95935-285-7
Druck/Herstellung: disserta Verlag, Hamburg, 2016
Covermotiv: „tanzende Figur" © Benoit Tremsal

Bibliografische Information der Deutschen Nationalbibliothek:
Die Deutsche Nationalbibliothek verzeichnet diese Publikation in der Deutschen Nationalbibliografie; detaillierte bibliografische Daten sind im Internet über http://dnb.d-nb.de abrufbar.

VORWORT

Anders als in zahlreichen bisher erschienenen Publikationen über die Mühl-Kommune, die sich in unterschiedlichen Formen vom autobiographischen Bericht über kunsthistorischen wie soziologischen - psychologischen Betrachtungen bis zum Roman mit der Geschichte der Kommune im Ganzen beschäftigen, soll in der vorliegenden Arbeit zum ersten Mal der für die Kommune zentrale Aspekt der Kunst in all seinen Facetten und Widersprüchen in Theorie und Praxis detailliert veranschaulicht werden.

Auch die Perspektive ist eine andere als die übliche: Als Künstler und langjähriger Kommunarde berichtet der Autor aus erster Hand und stellt die Entwicklung der Kommune unter dem künstlerischen Aspekt sehr konkret dar.

Zudem steht nicht, wie in der bisherigen Literatur, ausschließlich die Person des Otto Mühl im Mittelpunkt, während die Kommunemitglieder als schweigende, formbare Masse dargestellt werden. In der vorliegenden Schrift bekommen einzelne Kommunarden exemplarisch und stellvertretend in künstlerischer Hinsicht ein Gesicht und eine Existenz, indem ihr Werdegang in den letzten Kommunejahren präzise geschildert wird. Damit wird klar herausgearbeitet: Nicht nur Mühl und seine engsten Vertrauten haben die Geschicke des Kollektiv-Experiments gelenkt, sondern auch einzelne Mitglieder nahmen Einfluss, z.B. indem sie Widerstand leisteten, als Mühls autoritär-autokratischer Führungsstil immer mehr an Fahrt gewann.

Dem künstlerischen Widerstand kommt in den letzten Jahren der Kommune eine besondere Bedeutung zu, handelte es sich bei der Kunst doch gerade um das Haupt-Einflussgebiet des Otto Mühl, für das er sich von Beginn an ein Deutungs- und Lenkungsmonopol eingeschrieben hatte, und auf das er seine Autorität maßgeblich stützte.

Mühl ist Ottos bürgerlicher Nachname. Um eine Verwechslung z.B. mit dem Schriftsteller Karl-Otto Mühl zu vermeiden, bevorzugte er als Künstlername die Schreibweise mit „ue" statt „ü" also Muehl. In den nachfolgenden Seiten wird der standesamtliche Nachname verwendet. Nur wenn der Name derart in einem Zitat auftaucht oder in der eindeutlichen Verwendung als Künstlername, wird er entsprechend *Muehl* geschrieben.

Die Namen von Kommune-Mitgliedern, die bislang nie in einer Publikation genannt wurden oder sonst in die Öffentlichkeit getreten sind, sind verändert. Einige Namen sind auf Wunsch der betroffenen durch Pseudonyme ersetzt worden. Auf Veränderungen wird jeweils im Text hingewiesen.

INHALT

VORWORT 5

PROLOG 9

1 KUNST UND KOMMUNE 13

DAS FUNDAMENT DER MÜHL-KOMMUNE: KUNST UND
PSYCHOANALYSE 13

EIN ZWIESPÄLTIGER ZUSTAND 15

DAS „AKTIONISTISCHE SPIEL" 17

2 KOMMUNEKUNST 20

DER KUNSTALLTAG IN DER KOMMUNE 20

Selbstdarstellung 22

Eine tägliche Übung: Aktzeichnen 24

Ottos Malwelt 27

Die permanente Großausstellung 32

Die Malwelt der Kommunarden 33

Die „Mahl-Aktionen" 34

Die kollektiven Materialaktionen 36

Musik und Tanz 38

Die Filme 41

Theater 43

Lyrik 44

Kinder und Kunst 44

Kunstgeschichte 45

Joe Carner's Lexikon 46

Die „Künstlergesandten" und ihre Auftritte 49

KUNST UND „AUSSENWELT" 50

J. Beuys und documenta 51

Die Kunstwelt zu Besuch 53

3 EINE MEHRFACHE WENDE 61

4 DIE DISKRETE REBELLION 64

BELLA 64

OTMAR 67

RUDOLFSON...74

DIETER..82

**5 SELBSTINTERVIEW ZUM PERSÖNLICHEN KÜNSTLERISCHEN WEG IN
   DER KOMMUNE** **89**

6 VERSCHMELZUNG UND KERNSCHMELZE **99**

EINE WIDERSPRUCHSVOLLE ENTWICKLUNG 99

DIE WIEDERERLANGUNG DER INDIVIDUALITÄT UND DIE FOLGEN.............104

DER SCHLÜSSEL ZUM PARADIES 106

EPILOG..**109**

ANHANG...**113**

LITERATURVERZEICHNIS 113

NAMENSREGISTER 115

DANKE AN..**119**

PROLOG

Insel La Gomera, 1988.

„Zurück zur Masse!" Die Parole hat gesessen. Der rechte Arm von Otto zeigt dabei unmissverständlich in Richtung kollektiven Malplatz. Auf der als Freiluft-Malatelier eingerichteten Terrasse, sind gerade ein paar Kommunardinnen in weißen Kitteln damit beschäftigt, den aktuellen Malstil des Großmeisters so getreu wie nur möglich nachzuahmen. Dabei wissen sie um die Vergeblichkeit ihres Bemühens. Wenn Otto von den Ziegenhöhlen herunterkommen wird, vor denen wir unsere eigenen Ateliers installiert haben, wird er die entstandenen Landschaftsbilder begutachten. Es wird sich zeigen, wie schlecht sie alle geworden sind. Eine der jungen Frauen wird Otto mit einem Lob beglücken. Nicht dass er wirklich denkt, das Bild sei gelungen. Nein, es geht ihm lediglich darum, die Konkurrenz unter den Frauen anzustacheln.

Meine Bilder sind nicht mehr konform. Darum kann ich sie auch nicht auf dem offiziellen Malplatz malen. Sie entstehen im Verborgenen oder eben hier, hoch oben über der Finca, wo Otto und sein Gefolge eigentlich nie vorbeikommen. Jemand muss bemerkt haben, dass hier etwas passiert, uns möglicherweise ausspioniert und dann Otto berichtet haben. Jetzt steht er da in Begleitung von fünf Frauen, die erstaunlich still sind. Sie wissen offensichtlich nicht, wie sie sich angesichts der besonderen Situation verhalten sollen. Sogar Claudia[2], die sonst nie um einen bissigen Kommentar verlegen ist, sagt nichts.

Es ist Otmar, der die „Ziegenhöhlen" hier entdeckt hat. Die größte und verborgenste, von den Terrassen unten uneinsehbar, hat er so eingerichtet, dass er sein Material, sein Werkzeug, Teile seiner Kunstproduktion und nicht zuletzt die eine oder andere Flasche Palmenschnaps geschützt unterbringen kann. Außerdem kann er von hier aus schnell in die Berge verschwinden und sich auf den dreistündigen Weg nach Playa de Santiago machen, wo er sich mit alkoholischen Getränken versorgen kann. Auch Dieter war auf der Suche nach einem verborgenen Platz und hat schnell

---

[1] Otto Mühl, aus einem Entwurf für einen Katalogtext im Nachlass von Dieter Reichert (s. unten S. 112) datiert v. 29.10.1986 (in der Kommune wurde systematisch alles klein geschrieben).
[2] Die Schweizerin Claudia ist früh in die Kommune eingezogen und schaffte es, nach einer steilen Karriere in der „Bewusstseinsentwicklung" sich als „erste Frau" der Kommune zu etablieren und sogar die Ehefrau von Otto Mühl zu werden.

verstanden, dass dieser Ort ihm die Ruhe bieten kann, die er für seine Schreibarbeit braucht. Dazu fühlt er sich in Nachbarschaft von Otmar gut aufgehoben, begehren doch beide seit Monaten schon gegen die allgemeinen Stumpfheit und die absolute Autorität des Otto Mühl auf. Er hat es sich rechts außen am oberen Rande einer Staumauer bequem gemacht. Blöd nur, dass man, kaum dass er aufsteht, ihn von der Malterrasse aus sehen kann.

Den bereits besetzten Standort hatte ich entdeckt, als Otmar auf einer kleinen Terrasse in der Nähe eine wilde Materialaktion ausgeführt hatte: „desaster in rot" wurde sie nachträglich genannt. Das Ganze wurde gefilmt. Außer dem Kameramann und mir gab es keine Zeugen. Wir wohnten einer intensiven Materialschlacht bei, bei der Otmar seinen Ärger über den übermächtig gewordenen Freund[3] und seine Verzweiflung über die eigene Situation abarbeitete.

Die mittlere Höhle war noch frei; also überlegte ich tagelang, ob ich dort „einziehen" sollte. Wochen zuvor hatte ich intensiv angefangen, Bilder zu zeichnen und zu malen, die mit der Bildsprache, die Otto von den Kommunarden forderte, nichts mehr zu tun hatten. Schnell hatte ich gemerkt, dass diese Freiheit, die ich mir nahm, mir sehr gut tat. Ich hatte den etwas pathetischen Entschluss gefasst, endgültig Künstler zu werden und von nun an künstlerisch meine eigenen Wege zu gehen.

Als ich eines Nachmittags mit meinen Stiften und Pinseln an den Höhlen ankam, löste dies nicht gerade einen Sturm von Begeisterung aus. Otmar guckte mich schief an: „Wos wuist'n du?". Dieter empfahl mir in seiner kultivierten Art, doch besser nicht zu bleiben; es könne mir Probleme bereiten, mit Aufsässigen gemeinsam gesehen zu werden. Ich blieb und kam täglich wieder.

„Zu genial, zu locker, zurück zur Masse!"[4]

Heute ist der 22. April 1988. Immerhin hat sich Otto die Mühe gemacht, die etwa hundert von mir in den letzten Tagen gemalten oder gezeichneten Blätter in schnellem Durchgang anzuschauen. Es kann ihm nicht gefallen, doch das eine oder andere Blatt ist offensichtlich nicht schlecht. Das kann ich an seiner Reaktion erkennen. Inhaltlich ist das alles viel zu persönlich und formal viel zu weit entfernt davon, was auf der Malterrasse

---

[3] Otmar Bauer war bereits sehr früh mit Otto befreundet und sein Mitstreiter bei dessen Materialaktionen (s. unten S. 93).
[4] So lautet der Eintrag in Tagebuch des V.

vorgeschrieben wird, dass er das durchgehen lassen kann. Daher die Invektive. Dieter und Otmar sehen sich die Szene in aller Ruhe an. Es ist längst allgemein bekannt, dass die beiden „ihr eigenes Ding" machen. Akzeptiert ist das nicht, allerdings haben weder Otto noch seine schlauen „ersten Frauen" eine Strategie gefunden, die beiden wieder auf Kurs zu bringen. Also lässt man sie gewähren. Man ist ja schon froh, wenn es dabei bleibt, dass sie ihr eigenes Ding machen und nicht anfangen zu agitieren. Dies übrigens gilt nicht nur für Otmar und Dieter, sondern auch für Bella und für Wolf Rudolfson (Name verändert). Auch sie haben bereits vor Monaten – Bella sogar noch früher – mit einer eigensinnigen Kunstproduktion angefangen. Dabei stellt das im Falle von Rudolfson eine echte Überraschung dar.

Wer hätte das gedacht? Dieser kleine unscheinbare Kunstlehrer nimmt am Friedrichs-hof[5] einen Raum in Besitz –ein sonst nur für Otto Mühl reserviertes Privileg – und baut eigenmächtig Objekte und große Skulpturen aus unterschiedlichen Abfallmaterialien und Pappmaché, die ein vollkommen anderes Weltbild vermitteln als die offizielle Mühlkunst. Man diskutiert im ersten BAG[6]. Wie kann man dem beikommen? Was soll man unter-nehmen? Soll man ihn zum „Ausziehen"[7] anregen, ihm dafür Geld geben, dass er die Kommune verlässt? Was ist dann mit seiner Tochter? „Zieht" sie dann auch „aus"?

Bella wurde von Otto so umbenannt, da sie denselben Vornamen trug wie Ottos liebstes jugendliches Mädchen. Seit einigen Jahren praktiziert sie insgeheim an verschiedenen Orten am Friedrichshof eine existentielle Kunstform, die über eine Kunsttherapie weit hinaus geht, jedoch von ihr selbst eher als solche betrachtet wird.

Ich antworte nicht. Ich weiß, dass jeder Versuch, mich zu rechtfertigen zwecklos ist, dass dann die Frauen loslegen werden: „Unmöglich! Er glaubt wohl, er kann es besser als du, er ist total größenwahnsinnig!" Da meinerseits keinerlei Reaktion kommt, entscheidet Otto nach einer Weile, Richtung Malterrasse aufzubrechen. Er dreht sich halb um und wirft mir mit kreischender Stimme zu: „ Und dort unten ist dein Platz zum Malen".

Otto hat sich verändert. Ein Berserker war er zwar schon immer, wenn es um die Kunst ging; aber er konnte auch sanft, einfühlsam und väterlich sein. Als Künstler

---

[5] Hauptsitz der Kommune im Burgenland, Österreich.
[6] Abkürzung für: Bewußtseinsarbeitsgruppe. Bezeichnung für eine kleine Fraktion von 4 bis 10 Leuten, die sich auf einer ähnlichen Bewußtseinsentwicklungsstufe befinden. Mit ersten BAG ist hier die Bewußt-seinsarbeitsgruppe der Leute mit dem höchsten Bewusstsein in der ganzen Kommune gemeint.
[7] Typischer Kommune-Ausdruck.

war er nach wenigen Jahren des Aktionismus bereits legendär. Obendrein übte er mit seinen utopischen Gesellschaftsideen, mit seiner unglaublichen Vitalität und seiner scheinbar unerschöpflichen Fantasie eine enorme Faszination auf jeden aus. Kurzum ein wahrlich stark charismatischer Mensch. Als ich ihn 1978 das erste Mal persönlich traf, war er gerade in seinem damals noch recht kleinen Atelier mit Schreiben beschäftigt. Noch tippte er seine Texte selbst[8]. Als wir – vier Franzosen – eintraten, stand er sofort mit einem überbreiten, warmen, verschmitzten Lächeln auf und umarmte einen nach dem anderen intensiv, sanft und kräftig zugleich. Wir alle waren von seiner extremen Empathiefähigkeit augenblicklich überwältigt.

Keine Frage: ich hatte meine Heimat gefunden!

Jetzt, 10 Jahre später, ist von alledem nichts mehr übrig geblieben.

Letzte Woche war Harald Szeemann zur Besuch. Da er für seinen Meister nur das aller Beste möchte, hatte Ottos Kunstmanager Theo Altenberg den derzeitigen größten und berühmtesten Ausstellungsmacher nach La Gomera[9] eingeladen. Das Guggenheim Museum in New York scheint gerade gut genug, um den „besten Maler" der Gegenwart in einer exklusiven, großen Retrospektive der Welt zu offenbaren. Alle Register werden gezogen. Wichtige und unwichtige Persönlichkeiten der Insel werden eingeladen. Mit denen kann sich Otto eher ungezwungen zeigen als nur mit den unterdrückten Kommunarden. Es wird gefeiert, was das Zeug hält. Es wird gemalt. Otto steigt in große Gummistiefel und betritt unter Begeisterungsschreien der Zuschauer die am Boden liegende, bereits mit kiloweise Acrylfarbe vorbereitete Leinwand. Von kräftigen Männern gestützt, schlittert er auf dieser hin und her, bis ein Zustand erreicht ist, der einem fertigen Bild entsprechen soll. Dann schallt es aus dem begeisterten Publikum: „Toll! Irre toll! Unglaublich!..." Auch Szeemann ist begeistert. Danach geht's ins Atelier im Herrenhaus[10]. Dicke kubanische Zigarren werden angezündet, bester weißer Rum fließt. Die einfachen Kommunarden bleiben draußen.

---

[8] Später wird die „doku" eingeführt. In dieser allgemeinen Dokumentation wird von einem streng organisierten Büro mit mehreren Mitarbeitern alles schriftlich festgehalten und archiviert, was von Otto geäußert wird.
[9] 1987 kaufte die Kommune die ehemalige Plantage El Cabrito, auf der kanarischen Insel La Gomera (s. unten S. 39 und 86).
[10] Ein zentrales Gebäude, Wohnhaus der damaligen Besitzer der Plantage. Das Haus wurde von der Kommune um ein Stockwerk ergänzt, in dem die Wohnungen von Otto und seiner Ehefrau Claudia untergebracht waren.

1 KUNST UND KOMMUNE

DAS FUNDAMENT DER MÜHL-KOMMUNE: KUNST UND PSYCHOANALYSE

1970. Als Otto Mühl, bereits 45 Jahre alt, in der Praterstrasse in Wien durch die Öffnung seiner Wohnung für jeden die Kommune fast beiläufig gründet, spielt die Kunst eine ambivalente, jedoch zentrale Doppelrolle. Einerseits ist es der Überdruss gegenüber der klassischen Künstlerrolle[11], der Mühl zu einem Umdenken bewegt hat, andererseits die Idee, Kunst und Leben zum Verschmelzen zu bringen. Die in der damaligen Gesellschaft gültige Künstlerrolle empfindet Mühl als eitel, verlogen und krankhaft. Er schafft sie *de facto* ab, indem er Kunst und Alltagsgestaltung in allen ihren Facetten gleichsetzt. Jeder soll Künstler sein, und zwar nicht dadurch, dass er Artefakte und Performances oder ähnliches für ein Publikum bzw. einen Markt produziert oder durchführt, sondern indem jede Handlung, jede Kommunikationshandlung, auch jede Emotion und jedes Gefühl einer künstlerischen Gestaltung unterliegen soll. Von einer Überwindung der Kunst durch aktionistische Lebenspraxis in der Gruppe[12] ist die Rede. Oder wie im Buch „DAS AA MODELL"[13] in einem Aufsatz von Mühl über die Rolle des Künstlers[14] zu lesen ist: *wir haben in der AAO[15] den versuch unternommen, die künstlerischen ausdrucksmittel zur bioenergetischen selbstdarstellungsaktion zu steigern. auf diese weise wird jeder zum künstler. der mensch, der menschliche körper wird selbst zum medium dieser neuen kunst.* Eine radikale Sezession im Land der Sezessionen.

Aktionismus ist das Schlüsselwort[16]. Gelegt wurde die Basis dieser neuen Lebensphilosophie einerseits in den von Mühl bereits ab 1963 durchgeführten Materialaktionen[17],

---

[11] *...Natürlich habe ich auch keinen Spaß mehr, Kunst zu produzieren. Aktionen will ich keine mehr machen. Ich finde es einfach zu blöd, Leuten etwas vorzuführen.* Otto Mühl 1971 in einem Brief an Oswald Wiener, zitiert in, *Wiener Aktionismus, Wien 1960-1971, der zertrümmerte Spiegel,* 1989, Hubert Klocker (Hg.), Ritter Verlag, Klagenfurt. .

[12] Vgl. *die kommune / eine chronologie von Karl Iro Goldblat,* 2003 in *otto muehl leben / kunst / werk, aktion utopie malerei 1960 – 2004,* 2004, Peter Noever (Hg.), Verlag Walther König, Köln.

[13] AA steht für AktionsAnalytisch. Das Buch wurde von Mühl und anderen Autoren aus der Kommune Verfasst und als Instrument zur Gewinnung neuer Mitglieder eingesetzt.

[14] *Das AA Modell Band 1,* 1976, AA Verlag, S. 215

[15] Aktionsanalytische Organisation. So nannte sich die Mühl-Kommune von Mitte der 1970er bis Beginn der 1980er Jahre.

[16] Mühls selbst sieht in der Kommune eine Fortsetzung des Aktionismus der 1960er Jahre. Vgl. Beitrag v. Noemi Smolik in *Otto Mühl. Retrospektive,* 2005, Falkenberg, Harald (Hg.), Revolver, Archiv für aktuelle Kunst, S. 90.

andererseits in seiner Lehranalyse beim Psychoanalytiker Josef Dworak in den 1960er Jahren. Mühls Materialaktionen orientierten sich bereits in ihrem Verlauf an den klassischen Freudianischen Kategorien, der sogenannten oralen, analen und phallischen Phasen. Nun verschmelzen Kunst und Psychoanalyse in der Aktionsanalyse[18] mit Wilhelm Reichs Vegetotherapie als Katalysator zu einer eigenartigen Symbiose. Kunst im Sinne einer freien bildnerischen Betätigung wird vorerst gänzlich ausgeschlossen. Nach und nach entwickelt sich die Aktionsanalyse als eine Form von Totalkunst: Der sog. Aktionsanalytische Artist (AAA) *stellt sein leben direkt im leben dar. ../.. sein leben ist selbst die kunst. bei ihm sind kunst und wirklichkeit identisch*[19] oder, wie es Karl Iro, Mitglied von der ersten Stunde bis zum Ende der Kommune und an der Akademie für Angewandte Kunst in Wien ausgebildeter Künstler später formuliert: *Als Künstler galt nicht der, der das Diplom einer Kunsthochschule in der Tasche hat und in Galerien ausstellt, sondern der sich im Rahmen einer Gruppe existenziell mit sich selbst auseinandersetzt.*[20] Oder noch in der Version von Theo Altenberg: *Wir verstanden uns als Kadertruppe für ein Leben als Kunst, alle sollten ihren Alltag wegwerfen und sich als ein Kunstwerk in Eigenregie betrachten.*[21]

Mit diesem in der Aktionsanalyse eingebetteten „totalkünstlerischen" Anspruch ist die Basis für ein Gemeinschaftsexperiment gelegt, das sich insgesamt zwanzig Jahre am Leben halten wird.

---

wiederum wäre der aktionismus nicht möglich gewesen ohne sigmund freud und wilhelm reich. wilhelm reich inspirierte mich zur gründung der kommune. ich meine nicht das spätwerk, sondern die charakteranalyse. otto Muehl, briefe an erika 1960 - 1970, Vorwort zur Ausgabe 2003.

[17] Die Materialaktion ist eine von Hermann Nitsch und Otto Mühl geprägte Form des Wiener Aktionismus. Darin werden verschiedene Materialien wie Farbpigmente, Mehl, Blut, Malerton, aber auch Eier oder andere Lebensmittel auf die Akteure geschüttet bzw. zerstäubt.

[18] Die Aktionsanalyse wird von Mühl als Therapieform entwickelt aus Elementen der Materialaktion, der Psychoanalyse und der Vegetotherapie nach Wilhelm Reich. Die Vegetotherapie ist eine Kombination aus Charakteranalyse und Körperarbeit zur Lockerung der Muskelverspannungen mit Schwerpunkt auf der Atmung. Bei der Aktionsanalyse wird der Analysant vom Therapeuten in eine Regression begleitet, die zu einer Wiederbewußtmachung verdrängter traumatischer Erlebnisse führen soll. Dabei durchfährt der Analysant verschiedene Stadien, die von Mühl in der AA Parabel bildlich festgehalten wurden.

[19] Otto Mühl, *Die Rolle des Künstlers in der Kleinfamiliengesellschaft / die Rolle des Künstlers in der Kommunegesellschaft*, Typoscript, Mai 1975, Zitiert in: Robert Fleck, *Die Mühlkommune. Freie Sexualität und Aktionismus. Geschichte eines Experiments*, 2003, Verlag der Buchhandlung Walther König, Köln, S. 100 ff.

[20] Vgl. *die kommune / eine chronologie von Karl Iro Goldblat*, 2003 in Peter Noever, *otto muehl leben / kunst / werk, aktion utopie malerei 1960 – 2004*, 2004, Verlag Walther König Köln.

[21] Theo Altenberg zitiert in einem Beitrag von Paolo Bianchi für den Ausstellungskatalog *ELF ZU 0, Theo Altenberg*, 2002, Triton Verlag, Wien, Veit Loers, Museum Abteiberg (Hg.)

Die Aktionsanalyse entwickelt sich im Laufe der Jahre zu einer Kunst der Selbstdarstellung (kurz SD)[22]. Die anfänglich einzeln mit einer Therapeutin oder einem Therapeuten[23] stattfindende Analyse wird nun inmitten der gesamten Gemeinschaft
zelebriert, wobei die Zuschauer den Analysanten bzw. den Darsteller mit Schreien,
mit Applaus und nicht zuletzt mit Musik in seiner Darbietung unterstützen und anfeu-
ern. Der Therapeut – jetzt „SD-Leiter" – interveniert nur ab und zu lenkend. Neben
diesem jeden Abend stattfindenden Ritual wird das Leben in der Gruppe insgesamt
idealerweise als permanente Selbstdarstellung gesehen.

EIN ZWIESPÄLTIGER ZUSTAND

Hierauf aufbauend, ergeben sich bald die sog. AA Prinzipien, die ideologische Basis,
die die Funktion einer Verfassung erfüllen. Gibt es in der Kommune kein geschriebe-
nes Gesetz, so werden die AA Prinzipien durchaus in Schrift und Bildform festgehalten. Die wichtigsten dieser Grundsätze, die über die gesamte Existenzdauer der
Kommune aufrechterhalten werden, heißen: Gemeinsames Eigentum (mit kurzer
Unterbrechung), gemeinsame Sexualität, gemeinsames „Kinderaufwachsen"[24],
Selbstdarstellung. Andere Grundsätze wie z.B. Direkte Demokratie finden, wenn
überhaupt, kaum Anwendung. Ein eminent wichtiges, ungeschriebenes Gesetz stellt
die sog. „Struktur" dar. Der materiell begründeten Hierarchie der Kleinfamiliengesellschaft wird eine emotional basierte Rangordnung entgegengesetzt. Die „Struktur"
wird in den frühen Kommunejahren in kleinen Gruppen, den sog. BAG[25] täglich
wieder neu festgesetzt. So wird eine starke Kommunikationsdynamik erzeugt. Später
jedoch wird sie immer mehr zu einer starren Hierarchie.

An dieser Stelle muss über eine Paradoxie gesprochen werden, die aus meiner Sicht
für die spätere Entwicklung der Kommune von erheblicher Bedeutung sein wird.
Zwar formuliert Otto Mühl seine Absicht, Kunst und Leben zusammen zu bringen,
immer wieder neu, doch es gelingt ihm nicht, jedes einzelne Gruppenmitglied damit
zu erreichen. Die Kommunarden rekrutieren sich aus unterschiedlichsten sozialen

---

[22] S. unten S. 25
[23] Als Therapeut fungiert ein von Otto Mühl autorisiertes Kommunemitglied, das bereits über eine
gewisse Erfahrung in der Aktionsanalyse verfügt. In den Anfängen war Mühl selbst der einzige
Therapeut.
[24] Begriff der Kommune
[25] S. oben S. 8

und kulturellen Herkünften. Die wenigsten jedoch bringen eine künstlerische Motivation mit. Spricht man heute – 25 Jahre nach Auflösung – ehemalige Kommunarden auf dieses Thema an, so stellt man fest, dass sich die meisten der Wichtigkeit des künstlerischen Aspektes der Gemeinschaftszementierung nicht wirklich bewusst waren. Viele „wussten das schon", maßen dem jedoch keine besondere Relevanz bei. Für sie zählten lediglich die aufgezählten Prinzipien. Kunst hatte bestenfalls den Stellenwert eines netten, bisweilen auch ärgerlichen, jedenfalls aber nebensächlichen Exerzitiums. Eine langjährige Kommunardin bringt es in einer Schrift über ihre Kommunezeit so zum Ausdruck: *Otto Muehl war [...] entschieden [...] inspiriert aus dem Geiste der Kunst heraus diese Kommune mit den vielen jungen Leuten, auf der Basis seiner Gedanken und Ideen, seiner Erkenntnisse und Versuche zu gestalten. Allein die Kunst war für ihn für diesen Schritt die Wegweiserin. [...] Diese Voraussetzung hatte außer ihm keiner von uns. Wir entstammten einem anderen Zeitgeist, einer anderen Geschichte. Wir [...] kamen meist frisch von den Gymnasien oder Universitäten [...] Im Gefängnis der gesellschaftlichen Konventionen eingeschlossen, suchten wir den Ausbruch im Aufbruch. Es war der Geist der Freiheit, [...] der uns hier so sehr vereinte [...], der jeder Schöpferkraft, jedem künstlerischem Wirken inne wohnt. Durchdrungen von diesem Geist war Otto Muehl.*[26]

Mühl beklagt sich 1983 in einem Gespräch mit Josef Beuys[27] darüber, dass *die Leute* (gemeint sind die Kommunarden (A.d.V.)) *[...] alle so verkrampft und so ideenlos* [seien] und dass sie *nicht aus sich herausgehen* [könnten]. *Ich habe die fixe Idee, alle zu Künstlern zu machen - nicht Berufskünstler – aber ich finde jeder sollte eigentlich Klavier spielen können, jeder muss was vom Tanz verstehen, etwas von Literatur – selbst schreiben. [...]*

So stand die Mühl Kommune von Anfang an in einer ideologischen und praktischen Schieflage, die zu vielen Missverständnissen führte und niemals überwunden werden konnte. Es entwickelte sich ein unsichtbares Gefälle zwischen den wenigen Begleitern der Stunde Null der Kommune, die radikal der künstlerisch-sezessionistischen Linie folgten und denjenigen, die aus therapeutischen Gründen, aus ideologisch-

---

[26] Birgit Weidmann, *Mein Leben in der Muehl-Kommune / Eine Erzählung*, unter: *http://www.spirird.de/files/pdf/Birgits%20Texte/7und8Kap_MeinLebenMuehlKommune.pdf*, S. 14.
[27] Theo Altenberg und Oswald Oberhuber (Hg.), *Gespräche mit Beuys Wien - Friedrichshof 1983*, S. 17.

politischem Anreiz, aus Verzweiflung, aus Motiven der sexuellen Freizügigkeit oder als spirituelle Heilsuchende eingezogen waren.

Um den Zusammenhalt der zu Beginn der 1980er Jahre auf bis zu 650 Mitglieder angewachsenen, unhomogenen Gemeinschaft zu sichern, wurden schleichend immer mehr autoritäre Maßnahmen eingeführt. Nach und nach entwickelte sich ein Bedrückungssystem, in dem selbst die Kunst zum Werkzeug der Oppression und zum Herrschaftsinstrument wurde.

DAS „AKTIONISTISCHE SPIEL"

Zur Verdeutlichung und zum Verständnis der internen Geschehnisse während der zwanzig Kommunejahre ist es notwendig, das von Otto Mühl erdachte und von ihm bis zum Ende praktizierte „aktionistische Spiel"[28] zu erläutern.

Hierbei handelt es sich nicht nur um das künstlerische Grundprinzip der Kommune, sondern auch um die Basis der gesamten Kommunikation. Es machte in den 1970er Jahren einen Großteil der Faszination aus, die so viele Menschen anzog.

Die Form von „Totalkunst", die in der Gemeinschaft angestrebt wird, beinhaltet, dass jede Handlung und jeder Gedanke „gestaltet" werden soll[29]. Im Umkehrschluss bedeutet dies, dass jeder Gedanke denkbar und jede denkbare Handlung in „gestalteter" Form durchführbar ist. Dadurch kann praktisch jedes Tabu durchbrochen werden. Gedanken und Handlungen sind befreit und können auf diesem Weg ihren Ausdruck ins Leben finden. Sie werden zum künstlerischen Material erklärt ähnlich wie Farben, die man frei auf die Leinwand setzen oder schleudern kann; soviel zur Selbstgestaltung.

Mühl geht noch einen Schritt weiter und spricht von den Menschen als Material, von der Kommune als sein Kunstwerk.

Es geht um nichts mehr und nichts weniger als um den Versuch einer bedingungslosen Ästhetisierung des Zwischenmenschlichen: Das Leben als fortwährendes Theaterstück, in dem die Protagonisten niemals ihr wahres Gesicht zeigen. Darin ist Otto Mühl Meister: Er verbirgt seine Persönlichkeit permanent hinter wechselnden

---

[28] Vom V. so genannt.
[29] s. oben S. 12 und 14

Rollenspielen zwischen herzlichem Humor und brutalem Ernst. Sein Gegenüber weiß nie, voran es mit ihm ist.

Ein wichtiger Aspekt des aktionistischen Spiels ist das Prinzip der Destruktion. Mühls künstlerischer Durchbruch beginnt mit der *Zerstörung des Tafelbildes*[30]. Er spricht im Zusammenhang mit seinen Gerümpelskulpturen der 1960er Jahre, die zu den Materialaktionen führten, von *destruktivem collage*[31]. Im *AA Modell* ist die Rede von *Zertrümmerung des KF-Hirnes*[32] (KF = Kleinfamilie). Über die gesamte Existenzdauer der Kommune ist der Destruktionsbegriff ein wichtiger Teil seines Diskurses. Der Begriff wird hierbei positiv belegt: Aus der Zerstörung heraus entsteht am Ende eine neue Form, befreit von der alten Kontur. Auf das „menschliche Kommune-Material" angewandt heißt es, dass die von der Kleinfamilien-Gesellschaft geerbte psychische Bürde zerstört wird, damit ein befreiter Mensch daraus hervor geht: der neue Mensch als „destruktive Skulptur".

Otto Mühl, so wird es immer wieder beteuert, ist der einzige, der in der Lage ist, jede erdenkbare Handlung zu vollziehen, ohne dabei aggressiv oder „echt" zu werden, und zwar aufgrund seiner circa zehnjährigen Erfahrung aus den im Rahmen des Wiener Aktionismus durchgeführten Materialaktionen. Tatsächlich kann Otto in der „Behandlung" von vermeintlich geschädigten Personen im Rahmen von therapeutischen Aktionen ziemlich weit gehen, ohne dass sich diese Person am Ende verletzt fühlt. Halb im Spaß behauptet er immer wieder, er habe sich eine Technik angeeignet, mit der er jemanden ohrfeigen könne, ohne dass es weh tue.

Nach seinem Vorbild verhalten sich dementsprechend die Oberen der „Struktur" den Unteren gegenüber mit mehr oder weniger Erfolg. Jeder Untere ist folglich Gestaltungsmaterial für jeden Oberen. Dies zieht sich durch die gesamte „Struktur" hindurch.

Selbst schlimme persönliche, verbale oder auch leichte körperliche Angriffe sind erlaubt, sofern sie „gespielt" und somit frei von Aggressivität sind. Es setzt allerdings voraus, dass einerseits der Handelnde die Fähigkeit besitzt, solch gestaltete Aktionen agressionsfrei durchzuführen, und andererseits der von der Aktion Betroffene

---

[30] Vgl. Otto Muehl, *weg aus dem sumpf*, 1977, AA-Verlag, S. 150 - 151.

[31] Vgl. Interview mit Maud Benayoun, *otto muehl, la scène des profondeurs*, 2006, Verlag Bookstorming, Paris. 1966 nahm Mühl am Destruction in Art Symposion teil, das Gustav Metzger in London initiierte und von dem er häufig und gern erzählte.

[32] *Das AA Modell Band 1*, 1976, AA Verlag, S. 285.

sowohl einverstanden als auch emotional in der Lage ist, diesen Angriff zu ertragen. Genau hier liegen die Grenzen für die Anwendbarkeit des „aktionistischen Spiels".

Bei einer solchen „Behandlung" an Kindern stellt sich z.B. die Frage, wie das betroffene Kind die persönlichen Angriffe einordnen soll, da es nicht zwischen „echt" und „gestaltet" unterscheidet. Es wird irrtümlicherweise darauf vertraut, dass die in der Kommune aufgewachsenen Kinder bereits sehr früh die Fähigkeit entwickeln, diese Differenzierung vorzunehmen. Es wird sogar angenommen, dass diese Fähigkeit von Natur aus angelegt ist und durch die Erziehung in der Kleinfamilie zerstört wird. Dass Kommune-Kinder selbst bei gespielten persönlichen Angriffen für Beleidigungen empfänglich sind, wird einfach ignoriert. Sie werden uneingeschränkt ins „aktionistische Spiel" miteinbezogen.

Die erwachsenen Kommunemitglieder ihrerseits sind angehalten, diese durch die Erziehung vermeintlich verlorengegangene Unterscheidungsfähigkeit zwischen „echt" und „gestaltet" wieder neu zu erlernen. Das Mittel dazu bildet die künstlerische Praxis in allen möglichen Medien, besonders in Selbstdarstellung, Zeichnung und Malerei.

Im Lauf der Jahre wird sich zeigen, dass das „aktionistische Spiel" sich sehr schnell und in vielen Situationen sowohl für Kinder als auch für Erwachsene in existentiellen Ernst wandeln wird.

2 KOMMUNEKUNST

DER KUNSTALLTAG IN DER KOMMUNE

Wie bereits erwähnt, wird zu Anfang des Gruppenlebens in der Praterstraße[33] keine Kunst in Sinne einer bildnerischen Aktivität praktiziert. Nur Otto arbeitet bis 1972 an einem Siebdruckprojekt, einer Bilderserie mit dem Titel *12 Aktionen*, in der aktionistische Themen verarbeitet werden. Otto schreibt an Oswald Wiener: *„Ich hatte eine Abwehr gegen Bilder machen, als etwas Minderwertiges. Nun weiß ich, es ist auch ein Medium, eine gute Beschäftigung, in dem man sich einiges herausholen kann, wenn es nicht gleich zum Lebenszweck oder gar Lebensersatz wird. Meine Aktionen waren in Gefahr es zu sein.*"[34]

Mit diesen Worten beschreibt Mühl bereits den Geist, nach dem einige Jahre später in der Kommune Bildende Kunst praktiziert werden wird.

Zunächst liegt aber die Konzentration auf den therapeutischen Aspekten des Zusammenlebens. Die SD wird als *demokratische Kunst*[35] zelebriert. Doch bald tauchen Zeichnung und Malerei wieder auf. Während die Kommunarden ihre Eindrücke aus der Aktionsanalyse in ihren Tagebüchern in Schrift- und Bildform festhalten, malt Mühl wieder erste expressive Ölbilder in Verbindung mit der Aktionsanalyse wie z.B. die AA Parabel.

Ab 1977, als die Kommune bereits angewachsen ist und aus mehreren Gruppen in diversen Großstädten Europas besteht, gibt es in allen Heften des *AA intern,* dem in roter Tinte gedruckten Informationsorgan für alle Gruppen, zahlreiche skizzenhafte Zeichnungen von Otto.

In den *AA Nachrichten* hingegen sind nur wenige eher stümperhafte anonyme Zeichnungen zu finden. Im *AA intern* Heft Nr. 14 vom 5. September 1977 wird berichtet, dass ein Galerist aus Kiel (wo eine AA Gruppe zu Hause ist) sich für Ottos Zeichnungen interessiert gezeigt habe. Er wolle eine Ausstellung in seiner Galerie

---

[33] Die Kommune logierte zu Anfang in Mühls 120 m² Wohnung in einem heruntergekommenen Mietshaus in der Praterstraße 32 in Wien.

[34] Brief von Otto Mühl zitiert in: Hubert Klocker (Hg.), *Wiener Aktionismus, Wien 1960-1971, der zertrümmerte Spiegel*, Wien, Ritter Verlag, Klagenfurt 1989. S. 215.

[35] *AA Nachrichten,* Okt. 1977. Die *AA Nachrichten* waren ein propagandistisches Informationsmagazin der AAO und erschienen zwischen 1974 und 1977 in unregelmäßigen Abständen.

organisieren. Im Heft Nr. 20 vom 16. November 1977 heißt es dann auf Seite 14: *walter ist jetzt kunstmanager, er bereitet z.zt. die ausstellung von ottos bildern und zeichnungen in kiel vor in der galerie isides. Vernissage am 6. jan. 78.* Ein Katalog belegt, dass die Ausstellung stattgefunden hat, auch wenn die Kieler Gruppe zu dieser zeit bereits aufgelöst ist.

Erst 1978 beginnt Mühl mit einer regelmäßigen Bilderproduktion. Zunächst entstehen am großen Vorbild Paul Cézanne orientierte Bilder: Porträts, Landschaften mit epigonalem Charakter.

Hier muss der Behauptung Robert Flecks widersprochen werden, Otto habe wieder angefangen zu malen, um seinen Lebensunterhalt zu bestreiten im Zuge der (vorüber-gehenden) Wiedereinführung des Privateigentums. War der Kauf des Friedrichshofs im Wesentlichen durch den Verkauf von Ottos aktionistischen Filmen und deren Rechten abgegolten worden, so erfolgte die spätere Finanzierung des Friedrichshofs und seiner ständigen Bewohner zunächst durch die Einnahmen aus verschiedenen Kleingewerben, den am Friedrichshof angebotenen Kursen und in Einzelfällen die Einbringung von Erbschaften, dann aber stets über die Abgaben der Stadtgruppen.

Bald wird dieser neue künstlerische Impuls breit propagiert. Am Friedrichshof trifft man auf kleine Gruppen, die mit improvisierten Zeichenbrettern, Stift und Aquarell-farben unter Anleitung von Aubrey (Name verändert) (eine der wenigen Kommunar-den mit akademischer Kunstausbildung) oder Emma (Name verändert) die Konstruk-tion eines Gesichts oder einer menschlichen Figur aus Quadern oder Zylindern nach Vorlagen von Mühl aus den 50er Jahren üben. Auch Landschaftsaquarelle werden unter Anleitung angefertigt. Am Ende einer jeden Malstunde werden die Blätter vom Kursleiter kritisch begutachtet. Sehr schnell werden diese künstlerischen Aktivitäten ins übrige Tagesprogramm aufgenommen und zu festen, zum Teil auch pflichtigen Bestandteilen. Kollektive Malateliers entstehen in allen Gruppen. Neben Malkursen, die vom jeweiligen Gruppenleiter[36] abgehalten werden, kann jedes Mitglied in seiner Freizeit im Malatelier üben. Genug Material steht immer zur Verfügung: Acrylfarben in allen Grundtönen sowie Pinsel und Malkittel. Gemalt wird auf billigem Packpapier. Der Bilderüberflutung wird entgegengewirkt, indem die Gemälde nach Begutachtung

---

[36] In jede Stadtgruppe wurde vom Friedrichshof ein von Otto persönlich ernannter Gruppenleiter entsandt, der zeitlich begrenzt und rotierend als Mühl-Vertreter fungierte und agierte.

und kritischen Worten vom gut gemeinten Rat bis vernichtenden Urteil durch die Gruppenleiterin oder den Gruppenleiter zerstört und entsorgt werden. Schließlich geht es hier lediglich um die Übung und nicht um das Endergebnis.

Selbstdarstellung

Neben ihrer therapeutischen Bedeutung ist die Selbstdarstellung (SD) Teil des künstlerischen Selbstverständnisses der Gruppe[37] und muss deshalb hier erwähnt werden. Ihr wird ein besonders hoher Stellenwert zugesprochen, handelt es sich hierbei doch um die wichtigste täglich kollektiv zelebrierte Aktivität der Kommune. Eine detaillierte Schilderung würde aufgrund der Entwicklung der SD über die Jahre und der Differenzierung der Stile und Ausführungen den Rahmen dieser Schrift sprengen. Darum werden hier lediglich einige wichtige Aspekte aufgezählt.

Am Friedrichshof wird der SD-Abend, an dem alle Friedrichshofer und Gäste teilnehmen, stets von Mühl selbst geleitet. SD-Kurse finden auch tagsüber für Besucher und / oder für sog. „Urlauber" statt und werden von verschiedenen Kursleitern (SD-Leitern) geleitet.

Die zahlreichen Teilnehmer[38] formen einen Kreis um eine „Mitte" [39]. Der Verlauf der SD folgt in den frühen Phasen dem Schema der individuellen *aktionsanalyse*. Es geht für den Selbstdarsteller darum, sich seiner Kindheitstraumata bewusst zu werden und durch deren öffentliche Darstellung *„in der Mitte"* eine Befreiung zu erfahren. Dabei wird auf Kreativität, Ausdrucksstärke und Lockerheit der Darstellung besonderen Wert gelegt. Meistens fängt eine SD mit einem Darsteller *in der Mitte* an. Zunächst berichtet er von seiner Kindheit und steigert sich in Tonfall und Gestik bis zum Erreichen eines ekstatischen Zustandes, unterstützt von improvisierter Musik, lenkendem Eingreifen des SD-Leiters und Zwischenrufen des Publikums. Um die Intensität zu steigern, zieht sich der Darsteller während der Vorführung meistens nackt aus. Häufig werden weitere Akteure vom Leiter zum Mitmachen aufgerufen, sodass am Ende bis zu 20 oder mehr Beteiligte eine kollektive SD durchführen. Ob Einzel- oder kollektive SD: Immer wird nach der Darstellung von der Zuhörerschaft

---

[37] Interner Begriff für Kommune.

[38] Am Friedrichshof wird der SD Saal im Lauf der Jahre immer größer. Am Anfang (Ende 1970er Jahre) können nicht mehr als max. ca. 70 Leute teilnehmen, später bis 150 und mehr.

[39] Die „Mitte" ist die Bühne für die SD. In den Frühen Zeiten vom Friedrichshof sitzt das Publikum am Boden auf Kissen und Matratzen, später im größeren SD-Saal auf Stühle.

begeistert applaudiert[40]. Gleichzeitig stürzen meist mehrere Kommunarden in die *Mitte*, um eine so genannte *kritik* abzugeben. Derjenige, der am schnellsten die *Mitte* erreicht und das Wort ergreift, darf seinen Kommentar formulieren. Auch dies geschieht meist in SD-Form: laut, ekstatisch, gegebenenfalls mit Gesang. Nicht selten ist die *kritik* auch Anlass zur nächsten Selbstdarstellung und deren Beginn, es sei denn, der SD-Leiter ermutigt das Publikum zur Abgabe weiterer Kommentare.

Einige Gruppenmitglieder profilieren sich als herausragende SD-Künstler: Claudia wird bald als die beste SD-Künstlerin der Kommune gekrönt. Auch z.B. Herbert – ein früherer Mitwirkender bei Mühls Materialaktionen – ist ein SD-Star dieser Zeit.

1978 entwickelt sich die SD zur „*Konkurrenz-SD*". Hierbei werden zwei strukturnahe Kontrahenten in die *Mitte* gerufen, die sich einen verbalen „Kampf" um die Gunst des Publikums auf dem Rücken des Konkurrenten liefern. Derjenige Darsteller, der es schafft, unter den zuweilen kruden persönlichen Attacken seines Gegners locker zu bleiben, hat die besseren Chancen, als Sieger vom Platz zu gehen. Meistens ist ein Sieg mit einem Struktur-Aufstieg bzw. eine Niederlage mit einem Abstieg bei der nächsten Struktur-Festlegung verbunden. Daher ist der Stressfaktor bei der *Konkurrenz-SD* entsprechend hoch. Nach dem SD-Abend finden sich alle eine Etage weiter unten im „*Café Pengo*"[41] ein. Hier gehen die Selbstdarstellungen in Form von leidenschaftlichen, meist philosophischen Reden in vermeintlich lockerer Café-Atmosphäre mit einem Becher Sturm[42] in der Hand weiter. Ein Hauch von Bohême schwebt in der Luft.

Der ästhetische Anspruch steigert sich erheblich in der Phase der „*Joe-Carner-Video-SDs*". Joe Carner ist Otto Mühls Erfindung und sein Alter Ego in vielen SD-Abenden der 1980er Jahre: eine Anti-Held-Figur aus der Bronx, Säufer, „*Goggy*"[43]-Tänzer und Philosoph mit Schlapphut und Oberlippenbart, den sich Otto zeitweise tatsächlich wachsen lässt, um selbst besser in diese Rolle schlüpfen zu können. Otto alias Joe Carner ist Akteur und Regisseur zugleich. Der Selbstdarsteller wird von ihm in eine surreale Geschichte entführt. Masken, Gegenstände und Materialien wie z.B. gefärbter Malerton werden eingesetzt. Die Szenerie wird per Video gefilmt und

---

[40] Das Applaudieren wird in der Kommune zu einer Institution. Jede öffentliche Äußerung auch außerhalb der SD-Veranstaltung wird systematisch mit Beifall begrüßt.

[41] Diese Veranstaltung findet regelmäßig nur ca. zwei Jahre lang ab 1978. Später wird sie nur noch sporadisch abgehalten und dann fallen gelassen.

[42] Österreichisch für Federweißer

[43] S. unten S. 53

zeitgleich auf mehrere Bildschirme übertragen. Mühl arbeitet mit der Video-Rückkopplung und schafft intensive Bilder, die den Darsteller in eine Art Trance versetzen, woraus sich die nächste Phase entwickelt: die *„Trance-SD"*. Hierbei wird der Selbstdarsteller von Otto durch verschiedene verbal gestützte Handlungen „in Trance" versetzt. Um zu prüfen, ob sein Gegenüber wirklich in einem Zustand der Entrückung ist, signalisiert ihm Mühl mit einer Handbewegung, er solle sich nach hinten fallen lassen. Hinter ihm steht mittlerweile ein kräftiger Mann, der den Prüfling zuverlässig fängt, den dieser jedoch nicht sehen kann. Diese Vertrauensprüfung ist die Basis für weitere Fall-, Tanz- und Wortspiele. Eine weitere Form der Selbstdarstellung ist die *„Tanz-SD"*, die Mitte der 1980er Jahre praktiziert wird.

Ab dann verkommt die allabendliche kreative SD-Veranstaltung oftmals vor allem in den Stadtgruppen zu einem beklemmenden *„Palaver"*, einer Form von Gerichtsitzung, in dem angebliche Verhaltensverfehlungen besprochen und geahndet werden und die Struktur neu bestimmt wird.

Eine tägliche Übung: Aktzeichnen

Allabendlich findet ab 1978 unmittelbar vor dem SD-Abend ein Akt-Zeichenkurs statt. Die Kommunarden setzen sich mit einem einfachen Zeichenbrett, einem Druckbleistift und einigen Blättern Papier im Halbkreis bzw. Kreis hin. Die Bleistiftmine ist je nach aktuellem Zeichenstil dünner oder dicker, härter oder weicher. Manchmal wird auch mit Wachsmalkreiden gemalt.

Ein Aktmodell nimmt in der Mitte platz. Frau oder Mann, meist Frau. Die Pose soll möglichst viele Verdrehungen der Körperteile vorzeigen. Das Modell inszeniert sich selbst, doch falls Otto mit der Pose nicht zufrieden ist, steht er auf und legt letzte Hand an die Einstellung. Gezeichnet wird sehr zügig bis schnell, denn die Pose wird nach wenigen Minuten gewechselt. Eine detaillierte Ausarbeitung z.B. mit Schatten kommt nicht in Frage. Es geht um das spontane Erfassen der Figur, der Bewegung, um „rhythmisches" Zeichnen. Zuweilen wird auch ganz „energetisch" abstrahierend gezeichnet. Im Laufe der Jahre werden so ziemlich alle Möglichkeiten des Aktzeichens durchgenommen, von der klassischen Naturstudie allerdings abgesehen.

Robert Flecks Aussage nach der Otto *gezwungen* war, die Kunst *auf biederem Laien-kursniveau zu beginnen*[44], weil er es mit *künstlerischen Laien* zu tun hatte, muss relativiert werden. Otto hat das Niveau wie alles Übrige stets selbst bestimmt ohne große Rücksicht auf seine Entourage. Er hatte sich so sehr vom allgemeinen Kunstgeschehen entfernt, dass er nicht wusste, was aktuell war. Das, wovon er Kenntnis hatte, lehnte er tendenziell ab. Seine Referenzen hat er stets eher in der Vergangenheit gesucht: Insbesondere Van Gogh und Cézanne, aber auch Picasso waren seine Leitsterne. Seine Einstellung zeitgenössischer Kunstströmungen gegenüber schwankte zwischen Desinteresse und Verachtung. Außerdem war die einfache Zeichnung für Mühl die Basis allen bildnerischen Denkens, die Übung darin die Quelle aller Tugenden der Kunst (inklusive des Lebens, verstanden als Kunst).

Flecks weitere Aussage: *jede Spontaneität ist ausgeschaltet. Die Wiedergabe des Sichtbaren [...] stellt die alleinige Norm dar.*[45] ist schlicht falsch. Im Gegenteil: auf Spontaneität wurde sehr viel Wert gelegt. Es zählte eher der Rhythmus, die Kraft einer Zeichnung als die fidele Wiedergabe der Figur.

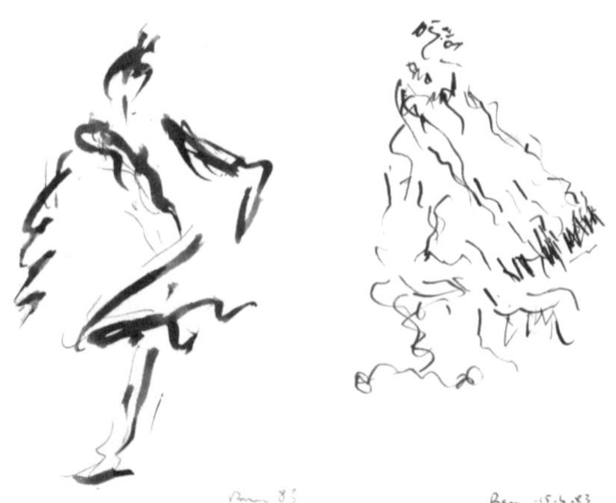

Zwei Beispiele für „rythmisches" Zeichnen, links: tanzende Figur, rechts: Klavierspieler, Tusche auf Papier, Benoit Tremsal, 1983.
© Benoit Tremsal, VG Bild-Kunst Bonn 2016

---

[44] Robert Fleck, *Die Mühl-Kommune, freie Sexualität und Aktionismus. Geschichte eines Experiments,* S. 181.
[45] Vgl. Robert Fleck, *Die Mühl-Kommune, freie Sexualität und Aktionismus. Geschichte eines Experiments,* S. 179.

Was hingegen für alle außer Mühl ausgeschaltet war, war die Möglichkeit einer persönlichen Idee, eines individuellen Stils. Auch ein konzeptioneller Ansatz kam nicht in Frage. Nicht die *künstlerischen Laien*, mit denen er zu tun hatte, waren *Mühls Problem* so Fleck[46], sondern dessen eigene Vorstellung einer Kunst für alle und nicht zuletzt, wie wir sehen werden, sein mit den Jahren immer größer werdendes Geltungsbedürfnis.

Von zahlreichen Kommunarden wird durchaus als Luxus empfunden, dass nur in der Gruppe so etwas wie eine tägliche Aktzeichensitzung überhaupt möglich ist. Modellstehen wird von vielen jungen Frauen als eine gute Profilierungsmöglichkeit innerhalb der Gruppe angesehen. Doch auch dieser Kurs ist Pflicht. Diejenigen, die an dieser Aktivität keinen Gefallen finden, müssen wohl oder übel diese halbe Stunde bis eine Stunde täglich über sich ergehen lassen. Diejenigen, die gern und auch gut zeichnen können, müssen wiederum damit leben, dass ihre Werke unmittelbar nach Ende der Veranstaltung im Papierkorb landen.

Nur die Bilder und Zeichnungen von Otto Mühl werden nicht zerstört oder entsorgt, sondern sorgfältig gesammelt. Sie entstehen auch nicht auf dünnem, gelblichem Packpapier, sondern auf starkem Zeichenpapier von bester Qualität.

In den Stadtgruppen kommt es bei den allabendlichen Zeichenkursen oft zu grotesken Situationen: Der Gruppenleiter (bzw. die Gruppenleiterin) ist nicht automatisch ein guter Zeichner. Um seine Rolle zu erfüllen, muss er jedoch so tun, als ob er der beste aller Anwesenden wäre. Dazu sind verschiedene Strategien möglich. Melanie (Name verändert) z.B. zeichnet so schnell, dass sie stets als erste fertig wird. Die Pose wird dann gewechselt. Alle stöhnen und beklagen sich, dass sie gerade erst angefangen haben. Melanie aber zeichnet bereits die nächste Stellung und ist auch schon wieder fertig. So geht es eine halbe Stunde weiter. Dann zeigt Melanie ihre Zeichnungen und argumentiert dabei äußerst selbstbewusst, dass es um die Schnelligkeit, um das Spontane, das „Energetische" geht. Die gesamte Gruppe ist disqualifiziert, hat es doch keiner geschafft, auch nur eine einzige Zeichnung zum Ende zu bringen.

Solche Strategien der Gruppenleiter gibt es nicht nur beim Zeichnen, sondern auch in vielen Bereichen des Alltags, nicht zuletzt bei der Sexualität. Sie stehen grundsätz-

---

[46] Vgl. Robert Fleck, *Die Mühl-Kommune, freie Sexualität und Aktionismus. Geschichte eines Experiments,* S. 180.

lich unter dem enormen Druck, in allen Gebieten stets die Besten sein zu müssen, nach Ottos Vorbild.

Ottos Malwelt

Otto malt in allen möglichen Formaten – auch sehr großen – auf bester Leinwand aus Flandern, gespannt auf einzig für ihn in der eigenen Tischlerei angefertigten, überstarken Keilrahmen mit besten Öl- oder Acrylfarben, die einzig für ihn in großen Mengen angemischt werden.

Neben seiner ab 1983 ohnehin sehr großen Atelierwohnung verfügt er über ein von Jahr zu Jahr immer größer werdendes Malatelier sowie über eine Siebdruckwerkstatt. Bald arbeitet ein Kommunarde vollzeitig nur für die Mischung der Farben und die Vorbereitung der Mal- und Siebdruckaktionen, ein anderer produziert ebenfalls in Vollzeit die aufwendigen Leinwände und rahmt die fertigen Bilder ein.

Der Galerist und Sammler aus Neapel Lucio Amelio ist ein gern gesehener Gast am Friedrichshof. 1980 initiiert er in Reaktion auf das Erdbeben von Irpinia, das ganz Südlitalien erschütterte, das Großprojekt *Terrae Motus*. Er animiert mehr als hundert internationale Künstler (darunter auch Beuys und Warhol), eine Arbeit im Bezug zum Erdbeben zu schaffen. Nach Amelios erstem Besuch am Friedrichshof 1985 wird auch Mühl gebeten, eine Arbeit zum Projekt beizusteuern. Er interpretiert das Thema in einer großen Serie von Bildern, für die er eine neue Arbeitsmethode und eine neue Bildästhetik entwickelt. Szenen, die Ungeschicklichkeiten von meist jungen Frauen im Umgang mit Haushaltsgegenständen zeigen, werden inszeniert und fotografiert und danach auf Leinwände übertragen.

In der langen Phase der *„Unfälle im Haushalt"*, so der Titel der Bilderserie, arbeiten zusätzlich - ähnlich wie in einer Renaissance-Werkstatt - dutzende Kommunarden an den Bildern: Allessio (Name verändert) als Vollzeit-Fotograf für die Vorbereitung der Vorlagen, Julian (Name verändert), ausgebildeter Kunstlehrer, Vollzeit für die Atelierorganisation, die Farbenverwaltung und die Umsetzung der Vorlagen in Umrissen auf die Leinwände, und weiterhin abwechselnd 10 - 12 sog. Urlauber[47], die die von Mühl

---

[47] Kommunarde aus den Stadtgruppen, die gerade einige Tage oder Wochen „Urlaub" am FH verbringen.

ausgesuchten Acrylfarben à-plat auftragen. Später werden die schwarzen Umrisse der Figuren und Objekte auf den Bildern vom Meister selbst nachgezogen.

Friedrichshof, Sommer 1987. Der kleine Lastwagen ist voll beladen. Auf der hinteren Ladefläche sind große Leinwände in verschiedenen Formaten, zwei große Farbwagen, dutzende Farbeimer, Öl (für Otto) und Acryl, zusammengeklappte Biertische, eine riesige Staffelei, ein ganzer Pack Papier, Pinsel in allen Größen, ein Wasservorrat, etc. Kinder und Jugendliche steigen noch auf. Die Erwachsenen fahren mit anderen Fahrzeugen oder mit dem Fahrrad nach. Der Zug setzt sich Richtung Süd-Osten in Bewegung. Wir fahren entlang der sog. Römer-Strasse, einer ehemals wohl römischen Kommunikationsader, heute einem staubigen Feldweg, bis zum Gemeinde-Wald. Dort biegen wir rechts ab. An einer Wegkreuzung halten wir an. Otto steigt aus dem VW- Bus aus. Die Kinder tauchen unter der LKW-Plane auf und springen herunter. Otto zeigt, wo er seine Staffelei haben will. Alle machen sich daran, das provisorische Malcamp einzurichten. Die Tische werden aufgestellt, Papier wird verteilt. Otto wählt das Leinwandformat. Er entscheidet sich heute für eine moderate Größe von 132 cm x 200 cm. Die Staffelei wird auf Anweisung des Meisters platziert, mit Sandsäcken beschwert, damit das Ganze unter den zu kommenden wilden Bürstenschlägen nicht umkippt, die Leinwand darauf mit Schraubzwingen befestigt. Nach kurzer Zeit ist alles bereit.

Mühl betrachtet kurz die Landschaft und stürzt sich dann mit voller Wucht auf die Leinwand. Es ist mehr ein Pflügen als ein Malen. Tiefe bunte Furchen entstehen. Die Felder nehmen Form an: Pink, rot, gelb, grün. Links die Bäume werden zu einem wilden dunkelgrünen Knäuel. Horizont, blauer Himmel, alles da. Kinder und Erwachsene eifern dem großen Vorbild auf den aufgestellten Tischen und ihren DIN A1 Blättern nach: Die Szene mutet zwischen surreal und komisch an. Die Gesichter sind ernsthaft und konzentriert im Ausdruck.

Ottos Gemälde ist fertig. Alle klatschen und äußern lobende Worte. Van Gogh ist wiedergeboren. Er steht da mit breitem Grinsen, offensichtlich mit dem eigenen Ergebnis zufrieden. Nun begutachtet er zuerst Claudias Bild, dann die Bilder der Kinder und schließlich die der Erwachsenen. Er verteilt Lob und Kritik. Dabei ist sein Bild das Maß aller Dinge. Die bei diesen Ausflügen ins Freie realisierten Großbilder zeigen neben der Vitalität des Malers auch eine unbestreitbare Virtuosität im Umgang mit Farben und Rhythmen. Mühl lässt in dieser Periode nur solche Bilder gelten, die wie entfesselt wirken. Der dargestellte Gegenstand, hier die Landschaft, kommt durch die hemmungslose Aktion oder durch die Raserei, wie Mühl es häufig ausdrückt, zustande[48] und nicht wie üblich in der Malerei durch vorsichtige, überlegte Setzungen. Hier kommt das Anfangs erwähnte Prinzip der Destruktion[49] zum Tragen: von Destruktion des Gegenstandes ist die Rede. Der Kontrast zwischen den lichten Farbtönen und dem wilden Schlag-Strich trägt sein Übriges zum gewaltigen Gesamteindruck bei.

Das Lager wird wieder abgebaut, alle Papierbilder in Müllsäcken gesammelt, Ottos Bild behutsam von der Staffelei genommen. Dazu sind vier Mann gerade genug, dass ja kein Pinselstrich durch zu heftige Handhabung der schweren Leinwand verwischt oder verformt wird. Die Leinwand wird flach in den Lastwagen gelegt. Alle sind von diesem Unternehmen entzückt, war es doch eine gelungene Abwechslung zum sehr linearen Alltag am Friedrichshof. Mit diesen Aktionen, die sich während dieses Sommers fast täglich wiederholen, kommt Otto auf seiner Art Vincents Traum vom „Atelier du Midi"[50] näher. Bald wird versucht werden, diesen Traum auf einer Kanarischen Insel weiter zu spinnen.

Ebenso ausgiebig wie die Malerei praktiziert Mühl die Siebdrucktechnik. Dies ist möglicherweise die Technik, in der er die interessantesten Erzeugnisse zustande bringt. Vor der Kommune entstanden bereits in dieser Technik Porträts von prominenten Politikern sowie Stars wie z.B. Jimi Hendrix, die mittlerweile auf dem Kunstmarkt sehr bekannt sind.Die aufwendige Produktion von großformatigen Serigraphien ist ausschließlich Otto reserviert. Die anderen Kommunarden haben mit einer einzigen Ausnahme[51], keinen Zugang zu dieser Technik. Sie können nur in der dafür eingerichteten Werkstatt zuschauen, wie Otto vor begeistertem Publikum ganze Serien von Bildern zaubert.

---

[48] Diese Malweise hat Mühl von Günter Brus übernommen. Er besuchte ihn 1960 in seinem Atelier. Brus stürzte sich damals mit Schutzhelm auf die Leinwand und taktierte diese mit äußerst wilden Schlägen. Es war für Mühl eine Offenbarung. Vgl. Otto Muehl, *weg aus dem sumpf*, 1977, AA Verlag, S. 148.

[49] S. oben S. 19.

[50] „Atelier du midi": So nannte Vincent Van Gogh seine Idee eines Gemeinschaftsatelier mit Paul Gauguin in Arles.

[51] Eine ausgebildete Malerin, Schwester einer bekannten Kunsthändlerin aus New York, durfte aufgrund ihres Talents und ihrer familiären Bindungen ausnahmsweise ein Heft für Kinder in Siebdruck anfertigen. Vgl. Robert Fleck, *Die Mühl-Kommune, freie Sexualität und Aktionismus. Geschichte eines Experiments,* S. 165.

Dabei geht er weit über die übliche Siebdrucktechnik hinaus, indem er die Druckfarben direkt auf dem Sieb mit wilder Gestik und verschiedenen Instrumenten wie z.B. Schwämmen und Bürsten ausstreut.

Die enorme Bilderproduktion erfordert neben den Wohn- und Büroräumen[52] die Einrichtung einer großen Lagerhalle.

Mühls Malereibegriff lässt sich am besten durch einen von ihm selbst stammenden Katalog-Textentwurf[53] umreißen (hier nur Auszüge):

malerei besteht aus linien und flächen.

mit diesen mitteln stellt sie die beziehungen zwischen gegenständen (konkreten oder abstrakten) dar.

der künstler gestaltet die beziehungen zwischen objekten auf der leinwand.

die malerei ist ein medium der fläche.

seit der erfindung der photographie ist die raumillusion in der malerei obsolet geworden.

die darstellung des raumes auf der leinwand ist eine täuschung.

die linie repräsentiert den schatten, die fläche das licht.

Und weiter unter der Überschrift *bild und weltbild*:

jedes kunstwerk drückt das weltbild des künstlers aus.

hässliche bilder haben eine hässliche botschaft

schöne bilder haben eine schöne botschaft.

schöne bilder sind werbung für ein gutes leben.

hässliche bilder sind werbung für ein schlechtes leben.

Und noch:

im guten Bild bewundern wir die große persönlichkeit.

Der Kurzschluss zwischen Kunst und Moral, der in den Sätzen *schöne bilder haben eine schöne botschaft.*

schöne bilder sind werbung für ein gutes leben.

hässliche bilder sind werbung für ein schlechtes leben

---

[52] S. unten Die permanente Großausstellung, S. 40.
[53] Aus dem Nachlass von Dieter Reichert, Tagebuch, Oktober 1986.

auffällig ist, ist typisch für Mühls Denken in einfachen Kategorien, wobei berücksichtigt werden muss, dass diese Aussprüche stets spontan erfolgten und oftmals hinterher von ihm relativiert bzw. verändert wurden.

Ob Mühl mit der *große*(n) *persönlichkeit* im letzten Satz sich selbst gemeint hat, sei dahingestellt. Jedenfalls hat er nach seiner Definition gute Bilder gemalt.

Otto wechselt immer wieder den Malstil. Einmal preist er die gegenständliche Malerei als die einzig gültige, dann entdeckt er die Abstraktion wieder und erklärt diese zur einzigen Möglichkeit, weiter zu malen. Mal ist die wildeste gestische Malerei, mal Kubismus angesagt, dann eine ruhige, Pop Art- ähnliche plakative Art des Ausmalens von zuvor in dicken Konturen gezeichneten Gegenständen. Mal entdeckt Otto Van Gogh wieder und malt in dessen Stil (freilich aktionistisch überhöht) eine ganze Serie von Bildern, dann ist Cézanne dran, Picasso, Caravaggio, wieder Van Gogh und so fort. Die verschiedenen Perioden dauern manchmal nur wenige Tage manchmal auch mehrere Monate. Nach diesen Wendungen richtet sich entsprechend der Malstil der gesamten Kommune.

Gleichgültig, wie gerade gemalt wird, heißt es bald und stets: Otto ist der beste Maler der Welt, und dies lässt er sich immer gerne sagen. Es ist nichts Neues: zwar sind die Kommunarden für den Personenkult maßgeblich verantwortlich, doch Mühl ist vor allen Dingen Meister der Selbststigmatisierung und hat von sich selbst schon immer sehr viel gehalten und sich im Kreise der Größten Maler gesehen. 1976 schreibt er über die informelle Malerei[54]: *es ist die Kunst großer psychopathen, hier wären zu nennen, pollock, mattheu [sic][55], günther brus, otto muehl.*

Mühl sieht sich als verkanntes Genie und als Justizopfer. In häufigen Äußerungen stilisiert er seinen Gefängnisaufenthalt nach der „Uni-Ferkel"-Aktion 1968 quasi als Märtyrium. Auch seine lange Gefängnisstrafe zum Ende der Kommune wird er mit Unterstützung eines Teils der Kunstwelt in dieser Weise deuten.

Es wird halb ernsthaft, halb im Scherz erwogen, Ottos erste große Ausstellung nach dem Aktionismus im Guggenheim Museum in New York stattfinden zu lassen; bei allem Talent und Können, die er zweifellos besitzt, wird hierbei die Relevanz seiner

---

[54] *AA Modell Band 1*, S. 219.
[55] Gemeint ist Georges Mathieu.

Malerei überschätzt, hat er doch den Anschluss zum aktuellen Kunstgeschehen längst verloren.

Unterdessen kommt es 1986 zu einer längeren Unterbrechung aller Malaktivitäten. Otto mag keinen Pinsel mehr anrühren. Einerseits ist er neuerdings mit Filmaktivitäten künstlerisch ausgelastet[56], andererseits sind mit dem enormen wirtschaftlichen Wachstum der Kommune komplexe Probleme entstanden. Die Stimmung insgesamt hat sich verändert[57]. Erst im Januar 1987, als Otto mit einigen der „ersten" Frauen und Männern, ausgewählten jungendlichen Mädchen und den vier besten Verkäufern zum ersten Mal nach La Gomera fliegt, packt ihn dort wieder die Mallust und dies zur großen Erleichterung von Theo Altenberg. Über den Klippen von San Sebastian[58], der Hauptstadt der Insel, bietet sich ein überwältigendes Panorama im verzaubernden Licht. Rechts Richtung Südwesten öffnet sich der Ozean, links erhebt sich majestätisch der Teide, der große Vulkan auf der Insel Teneriffa. Otto fängt wieder von vorne an: er malt kleine bunte Aquarell-Landschaften im Kreis der kleinen mitgereisten Gruppe. Er genießt die relative Ruhe. Es ist der Beginn einer neuen Serie von gegenständlichen, realistischen Bildern. Der Aufenthalt wird verlängert.

Die permanente Großausstellung

Bilder von Otto in allen Formaten, Stilen und Techniken hängen in den Fluren aller Häuser des Friedrichshofs[59], in den Treppenhäusern, den Zimmern, bis in den letzten verborgenen Winkeln, einfach überall. Helmut Höge, ein TAZ-Kolumnist, der den Friedrichshof im Frühjahr 1985 besuchte, schreibt später in einem Blog: *Diese Phantasielosigkeit* (in Bezug auf die Einrichtung der Zimmer / A.d.V.) *kontrastiert auffallend mit den riesigen bunten Ölbildern von Otto Muehl, die zu hunderten im "Lilly-Bau" hängen. Mehr als die Hälfte hat zum Thema gebärende, säugende oder kinderverschlingende nackte Mutterfrauen mit riesigen Brüsten (Dutten)* [sic] (österreichisch: Dutteln A.d.V.) *und anonymen Gesichtern. Seine wenigen Männerportraits sind dagegen klar als Persönlichkeiten aus Kunst und Politik identifizierbar. Immerhin muß man sagen, dass*

---

[56] S. unten S. 54.
[57] S. unten S. 83.
[58] Zu dieser Zeit ist El Cabrito noch ein Projekt (siehe S. 32). Mühl ist nach La Gomera gereist, um sich ein Bild der Finca zu machen und das Projekt zu beurteilen.
[59] Mit insgesamt fast 10.000 m² Nutzfläche

gegenüber Muehls genialischer Pinselführung die Neuen Wilden nur wie ärmliche Hanuta- Bildermaler wirken.[60]

In den Häusern der Stadtgruppen hängen nur zweitrangige, kleinere Bilder bzw. Zeichnungen, jedoch ebenfalls ausnahmslos von Otto. Auch in den Büros der eigenen Firmen in München, Berlin, Düsseldorf, hängen Mühls Werke. Es ist undenkbar, dass irgendwo Bilder von anderen Kommunarden hängen. Auch in den Schlafzimmern dürfen nur Mühl-Werke hängen. Sollte eine/r es wagen, ein eigenes Bild an eine Kommunewand anzubringen, würde sie/er sofort denunziert werden und der Konkurrenz zu Otto bezichtigt: es wäre eine Kapitalsünde, die im Bezug auf Rangordnung relativ dramatische Konsequenzen nach sich ziehen würde. Für einen Friedrichshofer könnte dies eine Zeit des „Exils" in einer Stadtgruppe bedeuten.

Bettbezüge, Kissen, Vorhänge, sogar Hemden, Kleider etc., alles am Friedrichshof aber auch in den Stadtgruppen ist mit Siebdrucken von Otto verziert.

So ist sichergestellt, dass die offizielle Ästhetik von jedem zu jeder Zeit aufgesogen wird. Dieses hört nicht etwa bei der Kunst auf: Auch die Möbel und sämtliche Objekte des Alltags sind für alle gleich und werden nach Vorgaben von Otto angefertigt bzw. angeschafft.

Eine einzige Ausnahme zu dieser Kunsthegemonie bilden 1985 die von Theo Altenberg von Zeit zu Zeit beschafften Bilder von anderen Künstlern wie z.B. Kleine Bilder von Dieter Roth, von Peter Roehr oder großformatige Siebdrucke von Andy Warhol: Sie werden im „Großen Atelier" aufgehängt; darunter zwei „Vesuvius", eine Serie von „Campbell's soup" und drei „Electric Chair" in verschiedenen Farben. Zu der Zeit versuchte Altenberg, Warhol zu einem Besuch auf dem Friedrichshof zu bewegen, was sich jedoch als extrem schwierig erwies. Das Projekt endete jäh mit dem Tod des großen amerikanischen Künstlers im Februar 1987.

Die Malwelt der Kommunarden

Die Kommunarden malen, unbeachtet der jeweiligen Fähigkeiten und des Platzes in der Struktur, auf etwas dickerem Packpapier im Einheitsformat (etwa DIN A1). Glänzende Acrylfarben von einfacher Qualität, die aus eigener Produktion stammen, sowie ver-

---

[60] Helmut Höge, aus taz.blogs 22.06.2006. unter: *http://blogs.taz.de/hausmeisterblog/2006/08/29/weitere-landkollektive/*

schiedene Malutensilien stehen in beliebiger Menge im kollektiven Malatelier zur Verfügung. Am Friedrichshof ist das Malatelier ab Mitte der 1980er Jahre so groß, dass mehr als 50 Leute gleichzeitig malen können. Es wurde in der Halle eingerichtet, in der zuvor die Tischlerei untergebracht war, bis der Bedarf an Möbeln gedeckt war. Der Raum ist mind. 200 m² groß. In den Stadtgruppen ist das Malatelier entsprechend kleiner, bietet jedoch genug Platz, um kollektive Malveranstaltungen durchzuführen.

Alle Malateliers sind nach demselben Modell eingerichtet. An den Wänden und Rücken an Rücken in der Mitte des Raums sind meterlange Staffeleien aus Holzlatten und Spanplatten installiert, an die die Papierbögen mit Malerkrepp befestigt werden. Eine breite Auflage über die gesamte Länge erlaubt das Hinstellen von Farbtöpfen, Pinseln und Bürsten.

Die Wände sind zum Schutz mit Plastikplanen überspannt. Der Boden wird zusätzlich mit dickem Papier belegt, damit keine Rutschgefahr besteht. In einer Ecke stehen die Farbeimer, ein Regal mit Papiervorrat, einer großen Anzahl kleinerer Farbtöpfe und Bürsten in allen Größen. Unweit davon ein Spülbecken. Die Bürsten werden allerdings nicht im Spülbecken gereinigt, sondern über großen Kunststofftonnen, in denen das Schmutzwasser aufgefangen wird. Darin sinken die Farbreste zum Boden und werden separat entsorgt[61].

Neon-Röhren fluten den gesamten Raum mit hellem Licht. Nach kurzer Zeit der Nutzung sind Staffeleien, Wände und Boden mit bunten Farbspritzen übersät.

Nach dem Malen werden die Bilder zum Trocknen in speziell dafür angefertigte große Regale gelegt. Wenig später, z.B. nach Begutachtung durch den Gruppenleiter, werden alle Bilder entsorgt.

Die „Mahl-Aktionen"

Als ich mich 1978 das erste Mal für einige Wochen am Friedrichshof aufhalte, der sich in dieser Zeit als „Akademie für Kunst und Lebensgestaltung" gibt, werden mittags die Mahlzeiten kollektiv im „Flugdach"[62] oder bei schönem Wetter auf dem Vorplatz eingenommen. Jeder holt sich sein Essen bei der Ausgabe wie in jeder Kantine, nur ist diese eher improvisiert und spärlich eingerichtet. Dann geht es

---

[61] Auf Umweltverträglichkeit wird stets in allen Lebensbereichen großen Wert gelegt.
[62] Eine L-förmige Holzkonstruktion, die im Lauf der Jahre die Verwendung mehrfach wechselte.

darum, einen Platz zu finden. Zwar steht ein riesiger alter Holztisch mit Intarsien mitten im Raum, doch alle Plätze am Tisch sind längst besetzt oder für den ersten BAG reserviert. Also kann man mit viel Glück einen Stuhl ergattern und sitzt dann im zweiten oder dritten Kreis um den großen Tisch herum. Hat man kein Glück, muss man noch weiter außen im Stehen essen. Innerhalb kurzer Zeit versammelt sich die gesamte Gemeinschaft. Es sind mindestens hundert Leute. Nach gut zwanzig Minuten betreten Otto und der erste BAG von einem aufgeregten Raunen der Versammlung begleitet, den niedrigen, dunklen Saal. Ottos Essen steht bereits auf dem Tisch sowie mehrere Edelstahlkrüge, randvoll mit Buttermilch gefüllt, scheinbar der Kommunarden Lieblingsgetränk. Gegenüber Otto an dem großen Tisch sitzen „Gäste"[63], die sich dafür vorzeitig angemeldet haben, denn organisatorisch wird am Friedrichshof nichts dem Zufall überlassen. Sie erwarten, vom Meister wahrgenommen zu werden und so vielleicht zu einer besonderen Therapiestunde zu kommen. Doch es kann durchaus dazu kommen, dass Mühl die Gäste ignoriert, so sehr sie sich auch bemühen, seine Aufmerksamkeit zu erregen. Alle sind mit dem Essen bereits längst fertig und warten nur noch auf das, was jetzt gegebenenfalls geschehen wird. Die Anspannung steigt. Als nun auch Otto seinen Teller leer gegessen hat, wendet er sich den Gästen an der anderen Tischseite zu. Er stellt provokative Fragen über ihre Sexualität, ihre Konkurrenz untereinander und so fort. Keine Antwort lässt er gelten, sondern er bohrt mit autoritärem Ton immer provokativer in die privateste Sphäre der Betroffenen. Otto greift zu einem der Buttermilchkrüge und füllt in Ruhe sein Glas mit der flockigen, weißen Flüssigkeit. Als das Glas voll ist, nippt er kurz daran, dann, völlig unvermittelt, schleudert er den Rest des Milchgetränks auf die Gäste gegenüber. Von der Runde geht ein Aufschrei gemischt mit nervösem Lachen aus. Eine junge Frau war das Hauptziel der plötzlichen Attacke. Sie ist verblüfft, erfreut und verunsichert zugleich. Otto fordert sie auf, auf den Tisch zu klettern; jetzt steht sie auf allen Vieren vor dem Zeremonienmeister mitten auf der Tischplatte. Sie soll sich bis auf die Unterhose[64] ausziehen. Kaum ist die Kleidung ab, kommt von oben eine weiße Dusche. Otto läuft zur Hochform auf wie in den besten Zeiten seiner Materialaktionen. Ein Krug nach dem andern wird auf den

---

[63] Es können Mitglieder einer Stadtgruppe sein oder auch Besucher, die zum ersten Mal in Kontakt mit der Kommune sind.
[64] Nicht aus Prüderie, sondern aus handfesten hygienischen Gründen. Die Gäste könnten Träger von Geschlechtskrankheiten sein.

halbnackten, jetzt glänzenden Körper gelehrt. Nachschub wird angefordert und prompt auch geliefert. Mal sanfter, mal fester packt Otto mit seinen riesigen Händen die junge Frau an den Brüsten, zwischen den Beinen und scheinbar gleichzeitig überall, dreht sie um, duscht sie wieder mit einer vollen Ladung Buttermilch. Unter der intensiven Behandlung regrediert die Frau vor versammelter Gemeinde. Diese reagiert bei jedem Stups und jedem neuen Guss mit Lachen, mit Gekreische und Gejohle wie bei einem Wrestling- Kampf. Die Frau fängt an zu weinen, sie schreit, ruft nach ihrem Papa. Verbal wird sie von Otto ermutigt, noch tiefer in ihre Emotionen einzutauchen. Eine imaginäre Gurgel packend, führt sie unter weiteren Anweisungen einen lupenreinen symbolischen Vatermord aus. Jetzt schreit sie wie ein neugeborenes Baby. Otto nimmt sie an seine Brust und tröstet sie. Ein Schluck Buttermilch als Trostpflaster anstelle der mütterlichen Milch ist willkommen. Langsam erwacht die junge Darstellerin aus ihrem Trance-ähnlichen Zustand und strahlt in die Runde.

Solche Szenen sind zu dieser Zeit[65] Teil des täglichen Ablaufs am Friedrichshof.

Die kollektiven Materialaktionen

Ende der 1970er Jahre bis ca. 1982 werden regelmäßig sowohl am Friedrichshof als auch in den Stadtgruppen kollektive Materialaktionen durchgeführt. Teilnehmer sind die Gruppenmitglieder selbst oder Gäste, die in der jeweiligen Gruppe einem einwöchigen „Wohnexperiment" beiwohnen.

Selbstverständlich folgt dieses Ritual bis auf wenige Variationen einem von Mühl festgelegten Schema. Die Vorbereitung der Aktion ist sehr aufwendig. Zunächst werden Boden und Wände des SD Saals[66] komplett mit Kunststofffolien ausgekleidet. In mehreren Wannen und Eimern werden Farbpigmente mit Malerton verrührt. Rote Beete und Tomaten werden kiloweise zu Saft verarbeitet. Öl, Mehl, Milch, Federn, warmes und kaltes Wasser und andere Materialien werden in verschiedenen Behältern vorbereitet. Musikkassetten mit geeigneter Musik werden ausgesucht und bereitgestellt. Schließlich wird der ausgestattete Raum mit allen verfügbaren Heizgeräten auf ca. 30 Grad beheizt.

---

[65] Ende der 1970er und Beginn der 1980er Jahre.

[66] In jedem Stadtgruppen-Haus gab es einen für die allabendlichen Selbstdarstellungen reservierten größeren Raum. Am Friedrichshof wurde der SD-Saal immer größer. Am Ende erreichte er eine Fläche von 260 m².

Mit jeder Minute steigt bei den Teilnehmern die Anspannung. Es ist soweit. Alle ziehen sich nackt aus. Was für die Kommunarden eine Selbstverständlichkeit ist, kann für die Gäste ein ernstes Problem darstellen. Nicht selten muss der Aktionsleiter Überzeugungsarbeit leisten. Nun betreten alle die provisorische Bühne: Es können bis zu zwanzig Frauen und Männer sein. Eine sanfte klassische Musik[67] ertönt. Damit die später einzusetzenden Farbmischungen nicht an der Haut haften bleiben, schmieren sich die „Aktionisten" zunächst mit Öl ein. Der Leiter ermutigt sie, sich gegenseitig und abwechselnd einzuölen. Die nächste Substanz, weißer Malerton, wird von Assistenten gereicht. Die weißen Körper tanzen im Rhythmus der Musik, die immer animierter wird. Die Trance beginnt. Die Teilnehmer scheinen zu regredieren. Wie von unsichtbarer Hand gelenkt, entwickelt sich eine Handlung. Die Truppe organisiert sich zu einem Urstamm. Es wird wild getanzt, es wird skandiert, es wird gesungen. Die sich entfaltende Harmonie wird von einer plötzlich laut ertönenden aggressiven Rockmusik jäh unterbrochen. Rote-Beete-Saft fließt nun in Strömen und steigert die (stets gespielte) Aggressivität der Akteure. Der Aktionsleiter gibt Anweisungen. Sie sollen Kämpfe mimen…

Materialien und Musik wechseln sich so über eine gute Stunde ab. Entsprechend wechselt die Stimmung. Der Leiter lenkt die Aktion grob entlang der oben erwähnten Aktionsanalytischen Parabel, sodass der Verlauf der kollektiven Materialaktion in etwa dem einer Einzelanalyse entspricht. Ganz am Ende ertönt immer die berühmte Symphonische Dichtung von Richard Strauss „Also sprach Zarathustra". Das Stück soll die totale Befreiung aller Zwänge und Verbote suggerieren und das Aufgehen in ein neues, „genital identisches"[68] Leben.

Man könnte meinen, hier manifestiere sich auf pathetische Art Mühls Sehnsucht nach einem neuen Menschenschlag. Die Materialaktion der 1960er Jahre ist in dieser kollektiven Form nahe am Kitsch angelangt. Zu dieser Einsicht kommt nach einer Zeit auch Otto und schafft diese Veranstaltung ab.

Zunächst erwarten die Assistenten mindestens zwei Stunden Aufräumarbeit.

---

[67] Um unterschiedliche Emotionen hervorzurufen, werden bei diesen kollektiven Materialaktionen Musikstücke aller Genres eingesetzt, was eine absolute Ausnahme darstellt (siehe nächster Abschnitt Musik und Tanz).

[68] Die genitale Identität, also in kompletter Harmonie mit dem eigenen Sexualtrieb zu leben, war das höchste Ziel der Aktionsanalyse.

Musik und Tanz

Ist Mühl als Zeichner und Maler talentiert und ausgebildet, so ist er musikalisch jedoch relativ unkundig. Der Bruch mit der Kleinfamiliengesellschaft bedeutet auch, alles, was aus ihr stammt, systematisch und radikal abzulehnen. Im Fall der Musik führt dies zu einer enormen Verarmung. Jegliche Form von „klassischer" Musik, aber auch Pop- oder Rock-Musik und moderne Formen des Jazz werden systematisch verschmäht (außer beim zweckgebundenen Einsatz in den kollektiven Material-Aktionen). Nur Schrammelmusik[69]scheint Ottos Herz noch aufweichen zu können und diese lässt er häufig spielen. Doch es zeigt sich, dass zumindest im Falle der Musik eine gänzlich sowohl von der Tradition als auch vom aktuellen Geschehen losgelöste Kunst zu nichts führen kann. Bei den SD-Abenden werden zunächst von Mühl selbst nur ganz einfache Rhythmen am Klavier grob geklimpert. Dazu wird ebenso grob getrommelt und frei gesungen. Wenn Robert Fleck von Mühl als begeistertem Boogie Woogie Musiker spricht[70], so ist anzunehmen, dass er die Aufnahmen, die er erwähnt, nie gehört hat. Zwar ist diese Musik sehr spaßig und strahlt eine gewisse Begeisterung aus, doch von Boogie Woogie kann keine Rede sein. Eher handelt es sich um ein kollektives, musikalisches „Herumblödeln", entsprechend der aktionistischen Spielart. Tatsächlich wiederholt Otto oft, er sei der beste Musiker, der beste Pianist, weil *er die Pausen zwischen den Tönen als gleichwertiges Element berücksichtige.* [71] Ja er spiele sogar besser als Duke Ellington. Bei aller für ihn charakteristischen Selbstironie zeigt dies nur, wie wenig Kenntnis er von Musik hat.

Später verlässt Mühl das Klavier, um sich in der Rolle des Joe Carner[72] direkter in die Selbstdarstellungen der Kommunarden einzubringen. Mehr oder weniger ausgebildete Musiker übernehmen den Musikpart, auch andere Instrumente werden eingesetzt. An manchen Abenden am Friedrichshof begleitet eine Band aus bis zu einem Dutzend Musikern die Selbstdarstellungsabende. Doch die Musikauswahl bleibt Chefsache. Jeder Versuch, komplexere Musikformen einzuführen, wird als

---

[69] Volkstümliche Wienerische Musik nach den Schrammel Brüdern genannt, die gegen Ende des 19. Jahrhunderts in einer Typischen Instrumentalbesetzung mit Geigen, Gitarre und Akkordeon ein Repertoire interpretierten aus Liedern und Tänzen, das heute noch in Heurigen und Gaststätten dargeboten wird.

[70] Robert Fleck, *Die Mühl-Kommune, freie Sexualität und Aktionismus. Geschichte eines Experiments,* S. 92.

[71] Vgl. otmar bauer, *1968 / autographische notizen,* 2004, Edition Roesner, Maria Enzensdorf, S. 194.

[72] S. S. 25 und 62.

Konkurrenzverhalten gedeutet und systematisch untersagt. Mit wenigen Ausnahmen wird geschriebene Musik abgelehnt; es wird nur spontan improvisiert.

Was für die bildende Kunst gilt, gilt übrigens auch für die Musik. Viele Kommunarden lernen das einfache rhythmische Spielen von simplen Blues-Akkorden am Klavier und können sich so musikalisch ein wenig artikulieren. Auch die Kinder werden an die Musik herangeführt. Die meisten spielen ein Instrument, ohne jedoch systematisch und fachgerecht unterrichtet zu werden.

Als eines Sommerabends des Jahres 1987 am Friedrichshof Karlheinz Hein[73] aus München einen Mitschnitt eines mittlerweile legendären Konzerts von Miles Davis den Kommunarden exklusiv zeigen will, spielt sich eine bizarr verstörende Szene ab. Alle (ca. 150 Leute) sind im großen SD-Saal versammelt und ziemlich aufgeregt. Schließlich handelt es sich um ein ganz besonderes Ereignis und um einen großen Gefallen seitens des Mitbegründers des Münchner Klaviersommers: Das Konzert fand eine Woche früher statt und das Video wurde noch nie öffentlich gezeigt.

Der Film wird auf eine große Leinwand projiziert, auch die Beschallung ist optimal[74]. Miles ist in rot-gold bekleidet und wendet wie üblich dem Publikum den Rücken zu. Die *All Stars* Band startet wie eine riesige, gut geölte Maschinerie. Alle sind gebannt und fasziniert. Als schließlich Miles mit der Trompete zum Spielen ansetzt, erhebt sich Otto von seinem großen schwarzen Ledersitz, sofort gefolgt von der Frauenriege um ihn herum. Er deklariert lautstark die Veranstaltung für beendet. Die Musik sei unerträglich und wir hätten Besseres zu tun, als uns diesen Clown anzusehen. Dann sagt er dem Sinne nach: "Wenn es Idioten gibt, die sich das unbedingt ansehen müssen, können sie ruhig sitzen bleiben; ich jedenfalls gehe mit den Cleveren raus und lade alle ins große Atelier[75] ein." Kaum ein Kommunarde würde sich die Blöße geben, nicht unter den „Cleveren" zu sein. Hein kann es nicht glauben. Innerhalb von fünf Minuten ist der Saal leer. Der Operateur schaltet den Beamer aus. Die große Chance, ein großartiges Konzert wenige Tage nach dem tatsächlichen Auftritt in München zu erleben, ist verpasst und das große Atelier leider nicht groß genug, um alle „Cleveren" aufzunehmen.

---

[73] 1973 hatte Karlheinz Hein einen Aktions-Vortrag von Mühl in der Columbia University Ohio gefilmt und noch früher in seiner Münchner Kunstagentur Werke von Mühl verlegt und vermittelt.

[74] In Sache Technik war die Kommune stets auf neuestem Stand.

[75] Die Atelierwohnung ab 1983 im sog. Lillybau besteht aus einem „großen Atelier", indem Mühl viele Leute empfangen kann und auch zeitweise malt, einem „kleinen Atelier", indem Mühl tagsüber malt und nachts in kleineren Runden feiert und einem großzügigen Schlafzimmer mit Bad.

Zwar ist seit seiner ersten *Zerstörung des Tafelbildes*[76] eine solche radikale Haltung für Mühl typisch, doch scheint sie bei der Musik eher von Vorurteilen als von einer reinen sezessionistischen Haltung getragen zu sein.

Am ersten Januar desselben Jahres dirigiert Herbert von Karajan das traditionelle Neujahrskonzert im Wiener Musikverein. Zur allgemeinen Überraschung wird die Fernseh-Live-Übertragung im großen Atelier für alle, die es möchten, gezeigt. Vor dem großen alten Dirigentenmeister, der sich am Pult nur mit Hilfe einer Stütze halten kann, hat der selbsternannte große Malmeister offensichtlich großen Respekt. Seltsamer Weise ist kein einziges Wort der Verachtung aus Mühls Mund zu vernehmen; stattdessen nur Lob, wie Karajan nur mit minimalen Gesten in der Lage ist, die Wiener Philharmoniker zum Einklang zu bringen. Ist es das gefällige Programm aus Wiener Walzern und Radetzky- Marsch, das das Mühlsche burgenländische Gemüt derart besänftigt oder ist in diesem Verhalten vielleicht eine Sehnsucht nach bürgerlichem Einstand und Spießertum oder gar nach wahrer Größe zu spüren?

Als der Komponist und Fluxus-Mitbegründer Philip Corner im Juli 1985 zu Besuch am Friedrichshof ist, gibt er am Flügel im großen SD-Saal einen kurzen Exzerpt seiner minimalistischen Musik. Mühls Kommentar hinterher (freilich nicht im Beisein des Künstlers) ist eher ungefällig: die Musik sei unlebendig und zu abstrakt.

Ab Anfang der 1980er Jahre ist nach jedem SD-Abend Tanzen angesagt. Boogie- und Swing-Musik der 1930er bis 1950er Jahre wird zur offiziellen Tanzmusik erklärt und kurzerhand umgetauft in „*Goggy Musik*", zu der „*Goggy*" getanzt wird.[77]. Der *Goggy*-Tanz selbst ist eine Mischung aus Swing und Foxtrott basierend auf Mühls Tanzkurs-Erinnerungen aus seiner Jugend. Es ist der Tanzstil der imaginären Figur Joe Carner[78].

Das Tanzen gewinnt zunehmend an Bedeutung. Es werden sogar zwei jugendliche Break-Dancer aus Norddeutschland für eine Woche zum Friedrichshof eingeladen. Sie unterrichten vor allem die Kinder und Jugendlichen aber auch Erwachsene nehmen an Kursen teil. Auch Stepptanz wird eine Zeitlang von einer Mitkommunardin unterrichtet.

---

[76] Mühls erster radikaler Bruch mit der Malerei. Vgl. Otto Muehl, *Weg aus dem Sumpf*, AA Verlag, 1977, S. 150 ff

[77] Die „Goggy Musik" stellt auch neben Blues den wesentlichen Bestandteil des FH-Radioprogramms dar. Der "Schwarzsender" vom Friedrichshof - Radio FH - sendet zu bestimmten Stunden Musik und Vorträge über Philosophie, Kunstgeschichte, etc.

[78] S. oben S. 27 und unten *JOE CARNER'S LEXIKON,* S. 62.

Für viele ist das tägliche Tanzen eine beliebte Aktivität, bietet sie doch die einzige Möglichkeit, gute, wenn auch etwas in die Jahre gekommene Musik zu hören und sich etwas vom sonstigen permanenten Exerzitienstress zu erholen, wobei der Tanz oft genug (je nach Laune des Abendleiters) selbst zum Exerzitium mutiert. Tanz wird bald auch zum wichtigen Element der Selbstdarstellung. Überschattet wird das Ganze auch hier von Ottos Überlegenheitszwang: Weil er stets der beste Tänzer, der beste Musiker sein muss, wird das allgemeine Tanzniveau und die Qualität der Musik auf seine Fähigkeiten, seinen Geschmack und seine Kenntnisse reduziert unter quasi systematischer Verkennung der Fähigkeiten anderer. Nur zwei - drei Kommunarden, die wirklich gute Tänzer sind, wird eine gewisse Annerkennung zuteil. Doch nach einer Weile werden auch sie für ihren allzu „geschleckten" Stil in Grund und Boden kritisiert.

Die Filme

In den Jahren zwischen 1983 und 1988 werden etliche Filme im Videoformat gedreht. Dem vorausgegangen ist die systematische Video-Dokumentation der SD-Abende, seitdem Otto diese in der Rolle des Joe Carners gestaltet (ca. seit 1980).

Ein professionelles Video Equipment wurde angeschafft: Eine U-Matic-Kamera[79] sowie ein großes Schneidepult. Als Kameramann fungiert Wernt (Name verändert)., der sich in Aufnahme- und Videoschnitttechnik ausgebildet hat. Schnell erreicht er eine derartige Professionalität, dass kaum ein anderer in Frage kommt, Kurz- und Spielfilme zu drehen.

Es ist Mühls neue Spielwiese. Abends im „ersten BAG" entwirft er die Szenen, die am darauffolgenden Tag meist von Therese Schulmeister als Regisseurin gedreht werden. Der Schnitt erfolgt unverzüglich, sodass die Filmausschnitte am selben Abend begutachtet werden können. Meistens ist Otto nicht zufrieden. Der Schnitt muss nachgearbeitet werden. Nach dieser Methode entstehen zunächst Schlag auf Schlag experimental-aktionistische Kurzfilme: *Hexenjagd*, 1983, 13 Minuten; *On the road with Emilie,* 1983, 20 Minuten; *Inferno*, 1983, 7 Minuten; *Männerjagd*, 1983, 7 Minuten; *Die Verwandlung* (frei nach Kafka), 1983, 22 Minuten. Schauspieler und Komparsen werden unter den Kommunarden ausgesucht. Meist wird im Freien gedreht, sodass keine aufwendige Kulisse gebaut werden muss.

---

[79] Bester Stand der Technik von damals.

1984 traut sich Otto an einen längeren Spielfilm. Dabei greift er ein Thema auf, dass Ihn immer wieder auch in der Malerei beschäftigt: Van Gogh. *Vincent*, so der Filmtitel bringt es auf 85 Minuten. Die Hauptrolle spielt Theo Altenberg. Zum ersten Mal werden auch Künstlerkollegen eingebunden: Neben den beiden ehemaligen Aktionismus-Kollegen Günter Brus in der Rolle eines Touristen und Hermann Nitsch als Claude Monet erscheinen im Film unter anderen Francesco Conz, Oswald Oberhuber, Orlan, Al Hansen und Philipp Corner.

In einem Artikel der Wiener Zeitung von Friedrich Geyrhofer im April 1985 heißt es: *Im Film werden Van Goghs Bilder von der Hand Otto Muehls gemalt, natürlich auf dessen „heftige" und „tachistische „ Art, wobei die Farben über die Leinwand rinnen. Malerei, das lernt man hier* (gemeint ist der Friedrichshof (A.d.V)), *bedeutet Leben, Rasen, Sichloslassen.*

Am 16. April 1985 feiert der Film seine Premiere im österreichischen Filmmuseum in Wien.

Die Filmästhethik dieser Werke würde man heute als „trashig" bezeichnen. Auf perfekte Bilder und Inszenierungen wird bewusst verzichtet. Auch das Spiel der Darsteller ist gewollt dilettantisch. Während die Kurzfilme mit z.B. schnellem Schnitt oder anderen Effekten stark expressiv und formal experimentell angelegt sind, sind die längeren Spielfilme stets als ein Hintereinander von satirischen, meist grotesken Szenen aufgebaut, ohne dass ein strenger Erzählstrang eingehalten wird.

Nach einer Reihe von Kinderfilmen[80] entsteht 1986 *Picasso,* 60 Minuten, wiederum mit Altenberg in der Hauptrolle, und 1986-87 *Back to fucking Cambridge*, 60 Minuten, eine Satire über das Wien der Jahrhundertwende mit dem Malern Richard Gerstl und seinem Schüler Arnold Schönberg als Hauptprotagonisten. Die Besetzung ist eindrucksvoll. Neben einigen Beteiligten der Kommune sind zu sehen: Christian-Ludwig Attersee, Lucio Amelio, Günter und Annie Brus, Georg Jiri Dokoupil, Rudi Fuchs, Gotthard Graubner, Johannes Gachnang, Kurt Kalb, Maria Lassnig, Mühl in der Rolle von Sigmund Freud, Oswald Oberhuber, Nam June Paik, John Sailer, Norman Rosenthal als Ludwig Wittgenstein, Harald Szeemann, Raffael Ortiz, Dieter Roth, Helmut Federle und viele andere.

---

[80] *Xi Dai*, 1985, *Der Maler Pablo Picasso*, 1985, *Dschungaschwili aus Georgien*, 1985; *Der Führer kommt*, 1986; und später *Columbus*, 1988, auf El Cabrito gedreht.

Die Dreharbeiten für den „gerstl film", wie der Kommuneinterne Arbeitstitel lautet, ziehen sich über Monate hin und beschäftigen zahlreiche Friedrichshofer.

Es entstehen noch 1987 *Caspar-David Friedrich*, 18 Minuten und als letzte Produktion *Andy's cake*, 46 Minuten, über Andy Warhols Factory, erneut mit opulenter Besetzung mit u.a.: Theo Altenberg, Herbert Brandl, Georg Jiri Dokoupil, Kurt Kalb, Martin Kippenberger, den Galeristen Hubert Klocker und Ursula Krinzinger, dem Architekten Adolf Krischanitz, Maria Lassnig als die Frau, die auf Warhol schießt, Cary Leibowitz, Otto Muehl, Hermann Nitsch, Konrad Oberhuber, Oswald Oberhuber, Albert Oehlen, Nam June Paik, Martin Prinzhorn, Peter Raue (dem Künstler-Anwalt), Peter Weibel, Heimo Zobernig.

Theater

Theater wird bereits sehr früh praktiziert, zunächst nur innerhalb der Kommune als Improvisationstheater und Ableger der Selbstdarstellung für den „eigenen Bedarf". Bald wird erkannt, dass man mit Theater die Leute leicht erreichen kann. In jeder Gruppe werden kurzerhand eine Erwachsenen- und eine Kindertheater-Truppe gegründet. Die Übung in Selbstdarstellung, die Fähigkeit, dabei Emotionen vor einem Publikum auszudrücken, wird mit schauspielerischer Qualität verwechselt. Man bildet sich ein, Kommunarden seien wie in allen übrigen Lebens- und Kunstbereichen auch im Theater-Rollenspiel weit besser als die professionellen Schauspieler der KF[81].

Im Grunde wird Theater vor allem als Propaganda-Instrument eingesetzt. Otto gibt die Richtung, der jeweilige Gruppenleiter ist meist auch der Theaterleiter. Die Theatertruppen treten in Universitäten und Kulturzentren auf. Nach der Aufführung werden die meist nur jungen Zuschauer gezielt angesprochen. Werbe-Flyer werden ausgehändigt und die Leute werden zu einem Besuch in der Gruppe (später in der eigenen „Kultureinrichtung") eingeladen.

Die Kindertheater werden zur Verbreitung eines guten Images eingesetzt. Klassische Kindermärchen werden dilettantisch inszeniert und in Kindergärten, Schulen und ähnlichen Stätten aufgeführt. Andere Gruppen-Kindertheater führen selbstentworfene Zirkustücke auf, in denen sich die Kinder als Akteure einbringen können.

---

[81] In der Kommune häufig angewandter Kürzel für Kleinfamiliengesellschaft.

Das Erwachsenentheater spielt in ebenso dilettantischer Qualität von Mühl spontan erfundene Stücke. Dabei geht es meistens um Schwierigkeiten in der Sexualität. Als die Truppe des „Atelier 6D"[82] in Lyon an einem von der Stadt groß angelegten Kulturprogramm teilnehmen soll, wird nach dem ersten Auftritt von höchster Stelle im Rathaus ein Aufführungsverbot erteilt. Eine Erklärung dafür wurde nie abgegeben. Es ist zu vermuten, dass dem Kulturbeauftragten der Stadt Sekten-Gerüchte zu Ohren gekommen waren. Der immer größer werdende Druck der Sektenvorwürfe ab 1980 leitet nach und nach die Aufgabe aller Theateraktivitäten ein.

Lyrik

Die Lyrik ist einer der wenigen Bereiche, die Otto nicht systematisch selbst besetzt. Zwar propagiert er Goethes Lyrik als die einzig Wahre und macht das Auswendiglernen von Goethes Gedicht „Der Fischer" für alle zur Pflicht, doch wagt er es nicht, sich selbst als der beste Dichter zu rühmen, wie er es mit der bildenden Kunst, der Musik und dem Tanz praktiziert.

Hier ist ein relativ freier Raum zu besetzen. Es gibt in der Kommune nicht viele Lyriker. Dieter Reichert am Friedrichshof ist wohl der profilierteste. Auch Gottfried Wanner[83] in Berlin, später in München ist ein genialer Poet. Mühl bringt beiden einen gewissen Respekt entgegen, zumindest solange sie nicht offen anfangen, mit ihm zu konkurrieren. Reichert wird 1986 mit Mühl an dem Joe Carner's Lexikon[84] arbeiten.

Bedauerlicherweise werden sowohl Reichert als auch Wanner viel zu früh an derselben schweren Krankheit in den frühen 2000er Jahre hinscheiden.

Kinder und Kunst

Bereits die Babys werden in Form von geleiteten Materialaktionen an die Kunst herangeführt. Diese Aktionen finden regelmäßig in kleinen Gruppen von 3 - 4 Babys mit ihren Müttern statt. Eine Plane wird ausgebreitet, Babybrei sowie verschiedene Säfte und Gemüsebrei-Sorten werden organisiert. Der Raum wird wie auch für die Erwachsenen- Materialaktionen stark beheizt. Babys wie Mütter sind nackt, die

---

[82] Mit solchen neutralen, nichtssagenden Namen wurden die „Kulturzentren" der Stadtgruppen benannt.
[83] Gottfried Wanner (1944-2006): studierter Physiker, Buchhalter, Dichter und Autor vieler Werke wie z.B. „Unnatur" 1997, Edition Howeg, Zürich.
[84] S. unten S. 62

Materialien werden gereicht und es wird damit gespielt und geschmiert. Die Babys sollen dadurch an eine differenzierte Wahrnehmung von Farben, Geschmäcken, Konsistenzen und Texturen mit allen Sinnen und Körperteilen herangeführt werden.

Innerhalb sowie außerhalb der kommuneneigenen Schule am Friedrichshof wird die Kunstpraxis der Kinder in allen möglichen Medien (auch z.B. Film, Modellieren, Töpfern, Musik und Tanz) sehr stark gefördert. Kunst hat einen zentralen Stellenwert in den Aktivitäten der Kindergruppen. Auch wenn sich die Kinder ebenso wie die Erwachsenen an dem jeweils aktuellen Malstil von Otto orientieren sollen, so sind die Kinder in Ihren Gestaltungsmöglichkeiten doch etwas freier. Dies kann als „Unschuldsbonus" eingeordnet werden, kann den Kindern doch nicht ernsthaft ein direktes Konkurrenzverhalten zum Meister angelastet werden, zumindest nicht bis zur Sexualreife.

Die in der Kommune aufgewachsenen Kinder besitzen unverkennbar gute künstlerische Fähigkeiten sowie ein ausgeprägtes Kunstverständnis. Später, nach Auflösung der Gemeinschaft, werden viele einem Kunststudium bzw. einer wie auch immer gearteten künstlerischen Ausbildung bzw. Beruf nachgehen.

Kunstgeschichte

Die Kunstgeschichte wird immer wieder von Mühl neu interpretiert und im Verhältnis zum Wiener Aktionismus betrachtet, das von ihm als die größte und wichtigste Kunstrevolution der Geschichte gesehen wird. Dabei legt er besonders viel Wert darauf, den Aktionismus von der Happening- und Fluxus-Bewegung abzugrenzen, die in seinen Augen *en bloc* als Kleinfamilien-konform und seicht abzulehnen ist. Häufig äußert er sich abschätzig über die Protagonisten dieser Bewegung.

Für Interessierte ermöglicht am Friedrichshof eine große, reichhaltige Kunstbibliothek im sog. großen Atelier die persönliche Weiterbildung in künstlerischen Themen. In jeder Stadtgruppe steht eine kleinere Kunstbücher-Auswahl zur Verfügung. Jeder kann sich anhand der Bücher und der praktischen Übungen in Zeichnung und Malerei kunsthistorisch weiterbilden. Auch Museumsbesuche in kleinen Gruppen finden ab und zu z.B. in Düsseldorf oder in Amsterdam (Rijks-, Van Gogh- und Stedelijk-Museum) statt.

Die Deutungshoheit liegt jedoch immer bei Otto, dessen sorgfältig dokumentierte Tages- und Nachtgespräche über die offizielle „doku" täglich über die Gruppenleiter an die Kommunarden übermittelt werden.

Einzelne Kunstepochen bzw. Künstler werden durchleuchtet, woraus sich der Malstil für einige Tage oder Wochen (s.o.) ergibt. Die „Intellektuellen" durchforsten die Kunst- und Philosophiegeschichte und bringen interessante Diskussionsthemen hervor. So wird z.B. das Werk Arnold Hausers „Soziologie der Kunst" (1974) sowie „Philosophie der Kunstgeschichte" (1958) analysiert und in den BAGs freilich stets im affirmativen Sinne „diskutiert". Zu einer Infragestellung der Funktion und der Stellung von Kunst innerhalb der Kommune kommt es jedoch nie.

Information und Wissen über zeitgenössische Kunst werden, gar nicht oder nur sehr filtriert und bereits gedeutet weitergegeben, und zwar immer im Verhältnis zur jeweils aktuellen Produktion von Mühl oder zu aktuellen Kommune Projekten wie z.B. die Mitarbeit an der Aktion „7000 Eichen" von Josef Beuys für die documenta 7, 1982 in Kassel. Künstlerbesuche am Friedrichshof liefern stets die Gelegenheit, sich mit einem Vertreter der aktuellen Kunst auseinanderzusetzen, immer in unbedingter Relation zu Meister Mühl, wobei von Otto keine Gelegenheit ausgelassen wird, hervorzuheben, dass kein Künstlerkollege an ihn heranreicht. Dazu findet er immer überzeugende Argumente und kann sich des Jubels der Gemeinschaft sicher sein.

Joe Carner's Lexikon

Unter dieser Leihidentität entstehen zahlreiche Texte, Theorien, Gedanken, die die „doku" jahrelang alimentieren, und nicht zuletzt 1986 das *JOE CARNER'S LEXIKON*. Das Lexikon entsteht in langen Abend- und Nachtsitzungen im sog. „kleinen Atelier" meist in der „zweiten Runde"[85]. Begriffe werden auseinandergenommen, aktionistisch umgedeutet, ironisch aufgeladen und oft ins Groteske verdreht. Unter den ca. 500 Definitionen des *JOE CARNER'S LEXIKON* gibt es eine ganze Reihe von Begriffen, die einen direkten oder indirekten Bezug zur Kunst haben. Hier einige Beispiele:

---

[85] Da das „kleine Atelier" nur eine begrenzte Zahl von Gästen enthalten kann, finden mehrere Empfangsrunden statt. Die erste Runde ist meist relativ kurz und besteht aus bis zu 25 ausgewählten Teilnehmern, die zweite aus max. 10 Teilnehmern und kann bis 3 Uhr früh dauern. Die dritte Runde ist dem engsten Kreis um Otto vorbehalten und geht bis zur Morgendämmerung; sie wird meistens in Ottos Schlafzimmer verlagert.

Cézanne	*asozialer, der vom Vermögen des Vaters lebt und sich mit Malerei die Zeit totschlägt. Größter Maler aller Zeiten (grömaz)*
Geisteskrank	*Außerhalb der Welt stehen versuchen, Umkehr von Erfolglosigkeit zu Erfolg*
Geisteskrank 1	*Der Versuch, trotz allem ein Mensch zu bleiben. [...]*
Goethe	*Erfolgreicher Volksverdummer (mit blendendem Stil), genialer Volksverdummer, der genialste Volksverdummer deutscher Zunge*
Jazz	*Trost für Körperbehinderte, Therapie für Körperbehinderte*
Kunst	*Der Versuch, die jeweilige gesellschaftliche Wirklichkeit zu dokumentieren mit Worten, Zeichnungen, Farbe, Skulptur, Film, Tanz, Theater, Oper usw. bis zum Mittelalter war die dokumentierende Kunst vorherrschend im Dienste der Religion oder der Herrsc*
Kunst 1	*henden. In der Urzeit war der Künstler Schamane, Priester, Zauberer, Hellseher, Abwehrer von Dämonen, Besänftiger Gottes. Im Staat wurde der Künstler Handwerker. Seine Aufgabe war das Schmücken, die Gestaltung von Repräsentationsräumen. Mit der Zerst*
Kunst 2	*örung des Feudalsystems wurde Kunst überflüssig. Übriggeblieben ist der Künstler, der allein (im Alleingang) ohne Auftrag [...] botschaftsverkündend weiterwirkt (Beuys, Rimbaud uam). Der Künstler heute ist ein Relik*
Kunst 3	*t, ein Überbleibsel des religiös-feudalen Weltbildes auf privater Grundlage. [...]. Seit der Ablösung des Feudalismus durch die Demokratie*

Kunst 4	*ist der Künstler ein Dauerarbeitsloser, der auf Erfolg auf dem Kunstmarkt spekuliert, meistens aus einer sozial niederen Schicht stammend wie Boxer, Schauspieler usw. […]. Seit*
Kunst 5	*Kunst kein Handwerk mehr ist, rekrutiert sich der Künstler aus Asozialen, Arbeitslosen, Geisteskranken, Gestörten. (Cézanne, van Gogh, ensor, Malewitsch, Pollock, Wols, Munch u.v.a.m.) Unter den Künstlern gibt es viele Trinker, Säufer, Drogensüchtig*
Kunst 6	*e. […]*
Kunst 7	*[…]. Heutzutage werden selbst Geisteskranke als Künstler anerkannt. (siehe Geisteskrank) (H. Rousseau, Hausner, Wölflin, Sutter, Nietzsche, Hölderlin, Poe, Brus, Nitsch*
Kunst 8	*[…] Auseinandersetzung durch ein kindliches Gemüt (nach Abschluss der Pubertät sollte keiner mehr sich mit Kunst beschäftigen. Wer trotzdem weitermacht ist zurückgeblieben. Er will in der Wirklichkeit versäumtes auf*
Kunst 9	*dem Papier oder der Leinwand nachholen*
Kunst, Aktionismus	*Versuch die Welt schlechter zu machen, als sie ist. Stöbern in alten Wunden. […]*
Kunst, Gegenstandslos	*Versuch, die Wirklichkeit zu negieren, technische Übung*
Künstler	*Ein religiös angehauchter Mensch, der glaubt, durch subjektive Visionen die Welt zu verändern. Große Künstler sind meist geisteskrank. (siehe Geisteskrank)*
Künstler 1	*der darstellt, was sein soll. Er zeigt nicht, was ist, sondern was sein soll. Er befasst sich nicht mit dem, was ist, er ist daher kein kritischer Mensch. Der Künstler lehnt ab, was ist*
Künstler 2	*unfertiger Mensch*

Künstler 3	*Anpassungsfähiger*
Otto	*Der geile Guru vom FH (Friedrichshof / A.d.V.)*
Otto 1	*Mehr als ein Genie.*
Otto Muehl	*der Versuch dem Künstler-Schicksal zu entrinnen*
Van Gogh	*Ein asozialer arbeitsunfähiger, der auf Kosten eines anderen sich zum Maler ausbildet. Glaubt, ein Heiliger zu sein. Vater der Expressionisten*

[…] Ob Mühl in diesen Begriffsbestimmungen immer noch selbstironisch mit dem Glanz seiner Rolle kokettiert, ist fraglich. Zu dieser Zeit mehren sich bereits die Anzeichen einer Selbstverherrlichung, die in den folgenden Jahren noch deutlich zunehmen wird.

Dass Künstler generell geisteskrank seien, ist Mühls so feste wie ernste Überzeugung.

Die „Künstlergesandten" und ihre Auftritte

1979 - 80 kommt es in den Städten, in denen Gruppen existieren, zu einer Reihe von aktionistischen Auftritten durch die jeweilige Gruppenleiterin bzw. den Gruppenleiter, sog. *Reality Art Performances.* Dazu entwirft Otto einige Aktionen, die von den „Künstlergesandten" getreu aufgeführt werden. In einer der am häufigsten dargebotenen Performances, dreht sich alles um den Beuysschen *Fettstuhl. Die Zustreichung des Fettstuhls mit Margarine* [wird] *als Ausdruck sexueller Hemmungen interpretiert.*[86]

Die Gruppe organisiert bis ins letzte Detail einen Auftritt für die Künstler-Gruppenleiterin bzw. den Künstler-Gruppenleiter – idealer Weise in einer angesagten Kunststätte in der Stadt. Diese Performances werden, wie die Theaterauftritte, zu Werbungszwecken genutzt. Nach dem Auftritt suchen ausgesuchte Gruppenmitglieder das Gespräch mit Einzelnen im Publikum und versuchen, diese zu einem Besuch im eigenen „Kulturzentrum" zu bewegen, um letztlich neue Kommunemitglieder anzuwerben.

---

[86] Robert Fleck, *Die Mühl-Kommune, freie Sexualität und Aktionismus. Geschichte eines Experiments,* S. 150.

Ein unerwarteter Nebeneffekt dieser Aktionen ist im Nachhinein ein auffällig übertrieben selbstbewusstes Auftreten der Künstler-Gruppenleiterin / des -leiters gegenüber den Gruppenmitgliedern. Dieses Verhaltensmuster resultiert daraus, dass die Gruppenleiter, die von Otto persönlich geführt werden, diese öffentlichen Auftritte in fremden Städten ohne direkte Aufsicht als große Befreiung empfinden, die sich im ihrem sozialen Stadtgruppen-Umfeld in Form von Übermut bemerkbar macht.

Dieser Umstand wird selbstverständlich Otto zugetragen, was unvermeidlich zu einer Rüge führt, meistens verbunden mit einer Herabstufung der Betroffenen in der Struktur. So kommt es am Friedrichshof vorübergehend zu einer gründlichen Umstrukturierung. Als Konsequenz werden diese Performances nach kurzer Zeit zurückgestellt. Auftreten dürfen nur noch die „Besten" bei nur noch ausgesuchten Gelegenheiten wie z.B. der documenta 7.[87]

KUNST UND „AUSSENWELT"

Ab den späten 70er Jahren, parallel zur Einführung der bildnerischen Praxis, fängt die Kommune damit an, die Nähe zur großen Kunstwelt zu suchen. Als beauftragter für dieses systematisch durchgeführte Projekt wird Theo Altenberg auserkoren. Davon verspricht man sich vor allem ein besseres Image der Kommune nach Außen aber auch der Effekt nach innen ist nicht zu vernachlässigen: Ottos Image als großer Künstler wird dadurch gesteigert, was seine Autorität zusätzlich stärkt.

Kein Mittel wird gescheut, um einerseits die größten Namen der Kunstwelt in den österreichischen Sitz der Kommune (später auf die Kanarische Insel La Gomera) zu locken und um andererseits die Anerkennung Mühls auf dem Kunstmarkt zu forcieren. Doch die Rechnung wird am Ende nicht aufgehen. Nach meistens nur kurzen Aufenthalten verlassen die berühmten Künstler und Kunstvermittler die Kommune mit wenigen Ausnahmen ohne klares Bekenntnis zum Kommune-Modell. Auch der große Durchbruch des Künstlers *Otto Muehl* findet nicht statt.

---

[87] Vgl. Robert Fleck, *Die Mühl-Kommune, freie Sexualität und Aktionismus. Geschichte eines Experiments,* S. 161.

J. Beuys und documenta

Josef Beuys wurde schon früh von der Kommune wegen seines *erweiterten Kunst-begriffs* und seines berühmten Mottos *jeder ist ein Künstler* gewissermaßen als Verwandter angesehen. 1977 erscheint in den AA Nachrichten[88] ein von Eva durch-geführtes Interview, in dem sie mit für die Kommune typischen, provokativen Fragen über die Sexualität versuchte, Beuys in die Enge zu treiben, was ihr jedoch nicht gelang. Stattdessen gab sich der berühmte Künstler weltoffen und tolerant. Das Interview fand in Kassel im Rahmen der documenta 6 statt; Anlass war ein Auftritt von Eva und Karl im Raum der Honigpumpe, zu dem Beuys sie eingeladen hatte. Die Einladung war das Ergebnis einer über Jahren von Theo Altenberg aufgebauten Beziehung zu dem Künstler-Star.

Fünf Jahre später startet Beuys seine großartige Kunstaktion „7000 Eichen / Stadt-verwaldung statt Stadtverwaltung" für die documenta 7. Theo Altenberg ist mittlerwei-le mit Beuys so vertraut, dass dieser ihm eine Zusammenarbeit zwischen ihm und seiner FIU (Freie Internationale Universität) einerseits und der Kommune anderer-seits anbietet[89]. Mehrere Kommunarden werden nach Kassel gesandt, um verschie-dene Organisationsarbeiten während der gesamten hundert Tage zu übernehmen. Da Beuys für seine Aktion viel Geld braucht und nach Sponsoren für sein sehr teueres Projekt sucht, wird die Funktion des Baumbotschafters ins Leben gerufen. Da kommt es gerade recht, dass die Kommune zu der Zeit Zweigstellen in ganz Europa hat. In jeder relevanten Gruppe wird ein „Baumbotschafter" ernannt und ein „Baumbüro" gegründet. Die Aufgabe für die „Baumbotschafter" besteht im Wesentli-chen darin, nach Sponsoren zu suchen.[90]

Angeregt durch diese Aktion werden am Friedrichshof, mehr oder weniger als Beitrag zum Beuysschen Werk oder zumindest im ähnlichen Geiste, Hunderte Bäume gepflanzt.

Beuys findet an der Kommune großen Gefallen, entspricht doch das Sozialexperi-ment zumindest zum Teil seiner Vorstellung einer Gesellschaft, in der jeder ein Künstler ist. Nur die Struktur empfindet der Direkte-Demokratie-Verfechter als widerwärtig und empfiehlt Theo Altenberg, deren Abschaffung herbeizuführen. Doch

---

[88] *AA Nachrichten,* Oktober 1977, S. 16.
[89] Vgl. Theo Altenberg, *Das Paradies Experiment, die Utopie der freien Sexualität, Kommune Fried-richshof 1973-1978,* 2001, Triton Verlag, Wien, S. 123.
[90] S. unten S. 123.

dessen Versuche, dies einzuleiten, scheitern und bringen ihn immer wieder in große Schwierigkeiten.[91]

Beuys stattet im Januar 1983 dem Friedrichshof einen Besuch ab. Der Aufenthalt im Hauptsitz der Kommune ist Teil eines größeren Programms. Dank der guten Verbindungen der Genossenschaft zur Sozialdemokratie[92] in Österreich, vor allem aber zum Landeshauptmann des Burgenlandes, Theodor Kehry, kommt ein längeres Gespräch mit dem damaligen österreichischen Bundeskanzler Bruno Kreisky zustande. Dabei geht es um die Vorstellung der Idee eines „Instituts für Kunst und Gesellschaftsgestaltung"[93]. Des Weiteren finden statt: eine inzwischen legendär gewordene TV-Diskussion mit u. a. Annelie Pohlen, Peter Weibel und György Ligeti im Rahmen der Sendung „CLUB 2" des ORF, eine symbolische Pflanzung von vier Bäumen vor der Hochschule für angewandte Kunst in Wien, ein Gespräch mit Günther Nenning, einem damals wichtigen Journalisten und politischen Aktivisten, und *last but not least* eine Podiumsdiskussion in der „Angewandten" unter Leitung des damaligen Direktors Oswald Oberhuber, mit - unter anderen Protagonisten dem sehr prominenten Jan Hoet, der einige Jahre später die Leitung der documenta 9 innehaben wird.[94] Das Ganze wird in einer Dokumentation festgehalten: *Gespräche mit Beuys / Wien – Friedrichshof 1983*. Theo Altenberg und Oswald Oberhuber sind die Herausgeber.

Besuch und Rahmenprogramm erweisen sich als gelungener PR-Griff in Zeiten, in denen Sektenvorwürfe gegen die Mühl-Kommune regelmäßig in der österreichischen und deutschen Presse kursieren. Bei der Gelegenheit unterschreibt Beuys sogar

---

[91] 1987 kommt es zu einer Zuspitzung: *Muehl hatte mich zum „Feind der Gemeinschaft" ernannt* sagt Altenberg in einem Interview mit Veit Loers für den Ausstellungskatalog *ELF ZU 0, Theo Altenberg,* 2002, Triton Verlag, Wien, Loers, Veit, Museum Abteiberg (Hg.). Vorübergehend wird er *wegen der angeblichen Zersetzung der Gruppe durch* (seine) *Außenkontakte aus allen* (seinen)*Tätigkeiten* ausgesperrt. Es folgt eine kurzzeitige „Verbannung" in die Münchner Gruppe.

[92] Einerseits, um an günstige Finanzmitteln für den Häuser-Bau zu kommen, andererseits um die Eigentumsverhältnisse des Gutes Friedrichshofs zu klären, wird 1981 eine Wohnbaugenossenschaft übernommen, die fortan als die offizielle Darstellung der Kommune fungiert: „Genossenschaft Gemeinschaftsbau". Da die Genossenschaft eine Firmierungsform ist, die von den Sozialdemokraten in Österreich sehr gefordert wird, ergab sich hier die Möglichkeit, mit einigen Vertretern der SPÖ auf regionale Ebene einen engen Kontakt zu knüpfen und zu pflegen.

[93] Vgl. Theo Altenberg, *Das Paradies Experiment* S.128.

[94] Vgl. Elisabeth Büsse in: *Gespräche mit Beuys Wien – Friedrichshof 1983,* Theo Altenberg und Oswald Oberhuber (Hg.).

eine gemeinsam formulierte Solidaritätserklärung zu Verdächtigungen gegen Otto Mühl und den Friedrichshof[95].

Der Künstlerkollege wird von Otto im Kreis der Kinder warm empfangen, es gibt freundliche Gespräche, das Ablegen des berühmten Filzhutes, das Beiwohnen eines SD-Abends, bei dem der Künstler-Schamane mit Kindern tanzt. Beuys malt in Ottos Atelier sein erstes und mutmaßlich einziges Ölbild auf Leinwand: das Bild - eher eine Zeichnung - stellt in der für Beuys typischen rotbraunen Farbe einen Bienenstock dar mit rechts und links je einem „Eurasienstab". Otto findet für das Bild lobende Worte. Er scheint seinen Mitstreiter in Sachen „Jeder Mensch ein Künstler" zu schätzen. Er übernimmt sogar die Figur des Josef Beuys in einer Serie von „Lilly-Märchen"[96]. Später vor versammelten Kommunarden kann er sich nicht verkneifen, den großen Künstler abzuwerten: Schließlich ist Beuys verheiratet, hat Kinder und ist somit in Mühls Augen ein „Kleinfamilienwichtel" wie jeder andere. Zumindest scheint sich Mühl verpflichtet zu fühlen, dies so darzustellen, um nicht in den Verdacht zu geraten, sich im Beisein von „KF-Menschen"[97] wohler zu fühlen als mit den Kommunarden. Diese Verhaltensweise wiederholt sich nach dem Aufenthalt vieler anderer bekannter Künstler, die den Friedrichshof bzw. El Cabrito besuchen.

Die Kunstwelt zu Besuch

1984 fand die Ausstellung "Brus–Muehl–Nitsch / Vom Informel zum Aktionismus" am Friedrichshof statt, bei der es sich nicht nur um die erste gemeinsame Ausstellung der drei Aktionisten, sondern auch um die erste Kunstausstellung in der Kommune handelte.[98]

Die Ausstellung entsteht in Zusammenarbeit mit und unter Einbeziehung vieler Sammlungsstücken von Francesco Conz[99] im Schüttkasten, einem ehemaligen Kornspeicher, der früh renoviert wurde und im Laufe der Jahre den Zweck immer

---

[95] Vgl. Robert Fleck, *Die Mühl-Kommune, freie Sexualität und Aktionismus. Geschichte eines Experiments,* S.163.

[96] Lilly ist die behinderte Tochter von Claudia. Otto erfindet für sie tagtäglich ein neues Märchen, das mit seinen Illustrationen zu Papier gebracht wird. Die Lilly-Märchen finden auch bei allen anderen Kindern als Einschlaf-Geschichten Anwendung.

[97] Klein-Familien-Menschen: So werden alle nicht-Kommunarden genannt.

[98] *die kommune /eine chronologie von karl iro goldblat,* 2003 in: Peter Noever, *otto muehl leben / kunst / werk, aktion utopie malerei 1960 – 2004,* 2004, Verlag Walther König, Köln.

[99] Sammler und Verleger des Wiener Aktionismus, der Fluxusbewegung, der konkreten, visuellen- und Lautpoesie, zudem bis 1975 Betreiber einer Galerie in Venedig.

wieder wechselte. Alle drei Ebenen des Gebäudes (insgesamt ca. 700 m²) werden in Anspruch genommen. Zum ersten Mal kann die Wiener Kunstszene den Friedrichshof in Augenschein nehmen[100]. Die Atmosphäre wird von den externen Besuchern als entsetzlich steif empfunden.[101]

Dass es zu dieser Veranstaltung kommen konnte, ist wiederum Theo Altenberg zu verdanken, der Werke des frühen Aktionismus bzw. der informellen Periode deren Protagonisten unmittelbar vor dem Aktionismus u.a. von Francesco Conz zurückkaufte. In kurzer Zeit sammelte er bedeutende Werke von Brus, Muehl, Nitsch und Schwarzkogler, die den Grundstock für die seitdem existierende Aktionismussammlung (damals Archiv des Wiener Aktionismus[102]) bildeten.

Wie bereits erwähnt, fängt Altenberg Ende der 1970er Jahre damit an, die Kunstwelt zu bereisen und zu durchforsten. Dabei gibt er sich als Privatmann aus, der für einen Sammler eine gewisse Summe in Kunst anzulegen hat. Es geht ihm unter anderem darum, praktische Informationen zu sammeln, um später mit dem erlangten Know How eine Sammlungstrategie für die Kommune zu entwickeln.

1982 wird anlässlich der Mitarbeit an den 7000 Eichen von Beuys im Friedrichshof ein „Kunstbüro" gegründet und mit mehreren Mitarbeitern über Jahre hinweg unter Theos Leitung betrieben. Zunächst geht es um die Koordinierung der Projekte mit Beuys und der FIU[103]. Hinzu kommt als wichtige Aufgabe neben der Sammlungstätigkeit und der Kontaktpflege zu verschiedenen Künstlern und Kunstvermittlern die Aufarbeitung und Archivierung des Mühlschen Werks.

Altenbergs Job als Leiter des Kunstbüros ist es auch, die Anerkennung Mühls zu einem der größten Künstler der Gegenwart durchzusetzen. Dazu wirbt er mit großem Einsatz für seinen Meister. Er versucht, ihn auf dem Kunstmarkt zu positionieren,

---

[100] Zweimal noch werden Besucher aus Wien zum Friedrichshof zur Ausstellungen Mühls Malerei kommen: 1985 (Van Gogh Bilder) und 1986 (Unfälle im Haushalt).

[101] Vgl. Robert Fleck, *Die Mühl-Kommune, freie Sexualität und Aktionismus. Geschichte eines Experiments,* Seite 167.

[102] Heute noch wird die Aktionismussammlung unter der Leitung von Hubert Klocker als das „Museum Sammlung Friedrichshof" in von Adolf Krischanitz neu gestalteten Räumen mit wechselnden Ausstellungen betrieben. Bedeutende Teile der Sammlung wurden mittlerweile an Museen und Sammler (z.B. Leopold) verkauft. Theo Altenberg ist seit Auflösung der Kommune nicht mehr in dieser Angelegenheit eingebunden.

[103] Vgl. Theo Altenberg, *Das Paradies Experiment,* S. 123.

sucht nach Ausstellungsmöglichkeiten und interessierten Sammlern, organisiert Begegnungen mit berühmten Künstlern bzw. Kunstvermittlern.

Da Mühl den Friedrichshof kaum verlassen mag, werden diese Leute dorthin, später nach El Cabrito eingeladen; selbstverständlich all inclusive. So gastieren am Friedrichshof in den Jahren 1985 – 1987 neben den alten Aktionismus-Kollegen Brus und Nitsch unter anderen: AR Penck, Oswald Oberhuber, Dieter Roth, Nam June Paik, Gotthard Graubner, Helmut Federle, Maria Lassnig, Christian Ludwig Attersee, Georg Jiri Dokoupil, und als Ausstellungsmacher Harald Szeemann, Norman Rosenthal, Rudi Fuchs, Jan Hoet, Lucio Amelio und einige mehr. Manche spielen eine kurze Rolle im Film „back to fucking cambridge"[104]. In einer der Szenen führt Nam June Paik, verkleidet mit Tirolerhut und Lederhosen als Anton Webern, eine Aktion mit einem alten Flügel im Schweinestall auf. Nach den Dreharbeiten, in kleiner Runde im sog. Großen Atelier[105], setzt er sich ebenfalls am Flügel und gibt ein wunderbares, repetitiv minimalistisches, eigenes Musikstück zum Besten. Dass eine andere Musik zu hören ist als die von Mühl bevorzugte, hat seltenheitswert, ebenso ein solches Auftreten von Paik.

AR Penck, dessen Stern am Kunstmarkt gerade hoch im Kurs steht, wird besonders hofiert. Er bleibt einige Tage am Friedrichshof und bekommt einen Raum, in dem er, in einer Ecke am Boden sitzend, den ganzen Tag Holz schnitzt, worüber im kleinen Atelier fröhlich gelästert wird, verkörpert dies doch das perfekte Klischee der von der Kommune verpönten Künstlerrolle. Penck wurde eingeladen, um im Film *back to fucking cambridge* die Rolle des Gustav Klimt zu spielen. Doch er zieht es vor, stattdessen selbst aus seiner Schnitzer-Tätigkeit einen Film zu drehen. Der Kurzfilm mit Penck als „Gustav Zimt" und mit eben diesem Namen als Titel wird vor versammelter Kommune am Friedrichshof im Vorprogramm zu *back to fucking cambridge* gezeigt.

Der moderne Malerfürst, malt am Friedrichshof eine Art Remake von „Les Demoiselles d'Avignon", „6 Frauen" genannt, ein großformatiges Ölbild, das er der Kommune überlässt unter der Voraussetzung, dass das Bild mindestens zehn Jahre lang nicht auf den Markt gebracht wird[106]. Dafür wird ihm ein provisorisches Atelier im Trep-

---

[104] S. oben S. 56.
[105] S. oben S. 51.
[106] Damit keine Schwierigkeiten mit seinem Galeristen entstehen.

penhaus des gerade fertig gestellten *Castello*[107] eingerichtet. Weibliche Modelle werden von Otto persönlich auserlesen, ein unter den Kommunarden ausgesuchtes, eng begrenztes Publikum darf dem wahrlich beeindruckenden Malakt beiwohnen. Otto selbst ist vom gewaltigen Bild begeistert.

Vier Jahre später wird wieder für Penck eine große Malaktion auf dem Strand von El Cabrito organisiert. Er malt ein riesiges Ölbild auf einer einzig für diesen Zweck eingerichteten Bühne direkt am Strand. Penck steht Mühl beim Malen in nichts nach: Auch er stürzt sich mit brachialer Wucht auf die Leinwand, nur entspricht seine Bildsprache eher dem Zeitgeist und er ist noch produktiver.

Da El Cabrito noch nicht fertig ausgebaut ist, wohnt Penck mit seiner Familie in einem der kommuneneigenen Häuser in San Sebastian, der kleinen Hauptstadt der Insel. Theo ist dafür verantwortlich, ihm Malmaterial und Holz zum Schnitzen zur Verfügung zu stellen. Dies erweist sich jedoch als äußerst schwierig. Nicht nur gutes Material braucht Penck, sondern auch eine ganze Menge davon, und ein Geschäft für Künstlerbedarf gibt es auf der Insel nicht. Nach nur zwei Tagen sind die hundert Blätter im Format 60x80 cm und die zwei Holzbalken bereits bearbeitet. Der Künstler hat wenig Geduld. Er muss weiter produzieren. Um neues Material in genügender Menge zu beschaffen, wird eine dringende Überfahrt nach Teneriffa unumgänglich. Um Penck die Warterei zu erleichtern, wird eine Wanderung auf der Insel organisiert. Doch diese Behandlung bekommt dem Künstler nicht. Während des anstrengenden Marschs in der steilen Vulkanlandschaft ruft er immerzu im feinsten Sächsisch: „Taxe! Taxe! Taxe!"

Das am Strand gemalte Bild wird im Mai 1989 Teil einer Gruppenausstellung in der renovierten Bananenhalle[108]. Neben Pencks Strandbilder werden auch Werke von Günter Brus, Georg Jiri Dokoupil und Otto Muehl[109] gezeigt, die alle auf La Gomera entstanden sind. Prominente Gäste aus Santa Cruz de Teneriffa werden eingeladen. Da letztere nicht sehr zahlreich sein können, werden die Arbeiter, die sonst tagsüber in Landwirtschaft und Bau auf der Finca beschäftigt sind, ebenfalls zum Kommen

---

[107] Großzügiges Wohngebäude mit Großküche, Großen Versammlungsräumen und Turm, 1985 nach Plänen eines Französischen Architekten und Kommunarden fertig gestellt.
[108] Hierzu wird ein Ausstellungskatalog herausgegeben: *Sala de Platanos,* 1989, Atelier del Sur (Hg.) Quelle: basis wien (s. auch S. 81 ff).
[109] Als Künstlername bevorzugte Otto diese Schreibweise seines Nachnamens.

aufgefordert, um das Publikum zahlenmäßig zu erweitern. Sie werden gebeten, sich möglichst chic zu kleiden. Den Kommunarden wird nahegelegt, sich während der Veranstaltung nicht zu zeigen.

1985 kommt Francesco Conz mit der Idee, sich von allen Kommunarden portraitieren zu lassen und so der meist portraitierte Mensch zu werden[110]. Die Bilder will er dann in seiner Sammlung aufnehmen. Prompt einigt er sich mit Mühl und Altenberg und unternimmt eine richtige Tournee durch die Stadtgruppen. Im Frühsommer 1985 trifft er in Amsterdam ein. An drei Abenden posiert er im Malatelier. Nach der Sitzung werden die Bilder im SD-Saal auf den Boden gelegt. Conz begutachtet die Bilder und wählt diejenigen aus, die ihm am besten gefallen[111]. Nach und nach sammelt er hunderte Porträts von sich, darunter auch einige von Mühl gemalte.

Harald Szeemann, dessen Interesse für Kommuneexperimente und utopische Modelle u.a. durch seine Arbeit über die Künstlerkolonie von Monte Verita dokumentiert ist, wird ebenfalls stark hofiert und kommt regelmäßig zu Besuch sowohl am Friedrichshof als auch später auf El Cabrito. 1987 spielt er neben vielen anderen Prominenten aus der Kunstwelt eine kleine Rolle im Film *„back to fucking cambridge"*.

Offensichtlich ist Szeemann von der Mühlschen Kommune fasziniert und genießt die Nähe zu Otto. Wie Josef Beuys hält er jedoch recht wenig von der Struktur und rät abermals zur deren Abschaffung.

Viele Jahre nach der Auflösung der Kommune wird er sagen: *Eine Utopie, die nicht scheitert, ist keine künstlerische Utopie. Eine Utopie, die Wirklichkeit wird, verwandelt sich in eine Diktatur.* [112] Hatte er dabei die Mühl-Kommune im Sinn? Eine Utopie, die Wirklichkeit wurde, sich tatsächlich in eine Diktatur verwandelte und am Ende trotzdem scheiterte? War die aktionsanalytische Kommune eine künstlerische Diktatur geworden?

Wie auch immer er über das Gemeinschaftsexperiment dachte und wie groß sein Interesse tatsächlich war, so konnte sich der berühmte Ausstellungsmacher weder zu einem Ausstellungsprojekt der Werke Mühls noch später der Werke von Kommunarden

---

[110] Vgl. Theo Altenberg, *Das Paradies Experiment*, S. 128.

[111] Damals selbst in der Amsterdamer Gruppe, malte der V. 5 Porträts, die er signierte und die Conz alle mitnahm. Die Bilder befinden sich nun mutmaßlich in seiner Sammlung. Bis auf ein Buch mit Zeichnungen aus dem Jahr 1983 wären diese Bilder wohl die einzig vom V. erhaltenen aus der Zeit von 1978 bis 1988.

[112] *Art Magazin* 06 /2004 S. 90-91.

durchringen. Als Theo Altenberg ihn wiederholt dazu drängen wollte, winkte er immer wieder ab mit dem Argument, es sei noch zu früh. Erst nach Auflösung des Experiments platzierte er Mühls Werke aus der Aktionismus- Phase in von ihm kuratierten Großausstellungen wie z.B. 1997 der Biennalen von Lyon in Frankreich.

Die Absicht Altenbergs, mit seinem Projekt eines *Atelier del Sur*[113] die Kommune nach außen zu öffnen, bleibt leider im Inneren der Gemeinschaft ohne sichtbare Wirkung.

Das Projekt, das er 1989 schriftlich festhält, sieht vor, in El Cabrito und *an verschiedenen Orten* (auf der Insel La Gomera (A.d.V.)) *eine Atelier- und Ausstellungssituation zu schaffen*[114], innerhalb derer Künstler-Residenzen für namhafte internationale Künstler organisiert werden können mit anschließender Ausstellung der während des Aufenthaltes realisierten Werke. Zunächst wird zu diesem Zweck eine alte Windmühle auf den Höhen von San Sebastian de la Gomera zu einem Fantasiepreis gekauft. Die Mühle soll renoviert und als Ausstellungsraum genutzt werden[115]. Andere Immobilien in verlassenen Buchten sollen ebenfalls als Kunstproduktions- und Ausstellungsstandorte angeschafft werden. Doch die „Realos" unter den Ökonomieverantwortlichen der Kommune sperren sich gegen die Einkaufsprojekte. Es bleibt symbolträchtig bei der Windmühle.

Dabei kann Altenberg auf die Unterstützung von Harald Szeemann, Jan Hoet und anderen wichtigen Persönlichkeiten der Kunstwelt zählen. Szeemann bezieht eindeutig Stellung in einem vom Schauspieler, Filmemacher und Schriftsteller Wolfgang Lesowsky durchgeführten Interview für den Katalog der ersten Ausstellung unter dem Label „Atelier del Sur"[116]. Er spricht von einem A*benteuer der Kunst,* bei dem *pure Individualisten und in der Gruppe gereifte Formen der Gesellschaft* [zusammengebracht werden sollen]: *ich fände es ungeheuer spannend, wenn es gelänge, die wesentlichen zeitgenössischen Künstler hier - [...] temporär - anzusiedeln, dass aus dieser Erfahrung der investierten Zeit und der permanenten Präsenz der gesellschaftlichen anderen Form etwas Tolles entstehen würde. Ich bin da sehr optimistisch. [...] im Grunde genommen ist diese Gemeinschaft so weit, jetzt diese Erweiterung in Richtung Kunst vorzunehmen, und hier haben sie also den Stützpunkt des Südens.* Und weiter: *[...] der Friedrichshof und El*

---

[113] In Anlehnung an das „Atelier du Midi", das Van Gogh sich in Arles erträumt hatte, jedoch Utopie blieb.

[114] Aus dem Artikel *eine Insel als Atelier* von Theo Altenberg im Ausstellungskatalog *„Sala de Platanos"* 1989, Atelier del Sur (Hg.), S. 9-10, Quelle: basis wien.

[115] Die Renovierung erfolgt jedoch nicht. Die Mühle wird nach einigen Jahren wieder verkauft.

[116] Ausstellungskatalog *Sala de Platanos,* 1989, Atelier del Sur (Hg.), S. 11-13, Quelle: basis wien.

Cabrito (sind) *ein schritt weiter vom individuellen Kunstwerk zu gewissermaßen einem kollektiven sozialen Kunstwerk, was eigentlich jedem großen Künstler vorschweben müsste, sonst bleibt er ein purer Formalist.*

Das Projekt soll groß angelegt werden. Man zählt mit der Hilfe des spanischen Staates. Der offizielle Start soll 1992 sein, anlässlich der 500-Jahr-Feier der Überfahrt von Kolumbus nach Amerika[117]. Szeemann dazu: *diese Aufbruchstimmung muss man natürlich auch für diesen Vorposten nutzen.*

Von Altenberg auch angestrebt wird eine größere Einbindung der Kommunarden in dieses Geschehen. Theo schlägt vor, dass die Kommunarden statt Versicherungen und Immobilien Kunst verkaufen; nicht nur die von Otto Mühl, sondern auch die der Kommunarden selbst. Doch das Atelier-del-Sur-Projekt wird nur zum kleinen Teil umgesetzt. Einerseits hat Mühl Angst, durch eine solche Öffnung Macht zu verlieren, andererseits sind viele Kommunarden auf Theo wegen seiner relativen Handlungsfreiheit neidisch und ihm gegenüber entsprechend misstrauisch. Auch wird ihm von einigen der Vorwurf gemacht, mit seinen Projekten und Kunstkäufen Geld zu verschwenden. Zwar werden einige Künstler eingeladen, doch die intendierte Öffnung der Kommune bleibt aus. Halb werden die Kommunarden vom glamourösen Kunstgeschehen fern gehalten, halb distanzieren sie sich davon selbst. Nur wenige kunstinteressierte Kommunarden, deren Einfluss begrenzt ist, interessieren sich überhaupt für diese Geschehnisse und sehen hier wie Altenberg eine Möglichkeit, die Kommune von ihrer Isolation und Selbstbezogenheit zu bewahren. Kaum sind die fremden Künstler abgezogen, bleibt es stattdessen vor dem „Gemeinvolk" bei den üblichen Vorbehalten Mühls den KF-Artisten gegenüber.

Im Juli 1990 am Friedrichshof besichtigt Harald Szeemann in Mühls Begleitung im Schüttkasten eine von Theo Altenberg für alle Kommunemitglieder organisierte Großausstellung. Zu dieser Zeit ist die Struktur tatsächlich abgeschafft, Mühl ist als Oberhaupt bereits abgesetzt und zeigt sich nur noch selten. Kunst kann sich nun frei entfalten und ca. 40 Kommunarden stellen aus. Da wird endlich sichtbar, was für ein künstlerisches Potenzial in der Gemeinschaft schlummerte. Neben vielen mitunter epigonalen Malereien gibt es einige Positionen, die sich klar vom gewöhnlichen

---

[117] Kolumbus startete seine Überfahrt über den Atlantik 1492 von San Sebastian de la Gomera aus.

Kommune-Kunstkanon abgrenzen. Mühl staunt, Szeemann betrachtet alle Werke aufmerksam, macht aber kaum Kommentare.

In El Cabrito gehen indessen die Aktivitäten im Rahmen des „Atelier del Sur" weiter[118]: Der kanadische Künstler Royden Rabinowitsch verbringt im Herbst eine zweimonatige Residenzzeit auf der Finca und produziert Zeichnungen, die am Ende in einer Ausstellung präsentiert werden. Jan Hoet eröffnet die Ausstellung. Auch Harald Szeemann ist anwesend. Mühl ist nicht vor Ort. Er darf Österreich nicht verlassen. Einige Monate später wird er verhaftet.

---

[118] Auch nach Auflösung der Kommune während der gesamten 1990er Jahre wird von der Altkommunardin Gitta Verlei unter der künstlerischen Leitung von Regina Wyrwoll, später langjährige Geschäftsführerin der NRW_Stiftung-Kunst, auf El Cabrito (mittlerweile zu einem Ferienhotel umgewidmet) ein Kunstprogramm weitergeführt: Künstler wie Herbert Brandl. Kurt Kocherscheidt, Martin Noel, Annelies Strba, Thomas Virnich, u.a. werden eingeladen, um dort Kunst zu produzieren. Eine Ausstellung erfolgt jeweils am Ende des Aufenthalts.

3 EINE MEHRFACHE WENDE

1986.

Nach verschiedenen Umstrukturierungen im Laufe der letzten zehn Jahre, besteht nun die Kommune mit insgesamt nur noch ca. 350 Leuten aus nur noch fünf Stadtgruppen in Amsterdam, Berlin, Düsseldorf, München und Zürich[119] neben dem Friedrichshof mit der größten Gruppe von ca. 150 Leuten. Die Stadtgruppen sind mit eigenen Firmen oder kollektiver Besetzung von fremden Unternehmen so organisiert, dass sie regelmäßig beträchtliche Summen auf die Kommune-Konten in Luxemburg, Liechtenstein und Österreich überweisen. Da der Lebensunterhalt des durchschnittlichen Kommunarden extrem bescheiden ist (ein Haushalt mit durchschnittlich 50 Personen, einfache Wohnverhältnisse, Autos sind nur zu Arbeitszwecken vorhanden, keinerlei Freizeitkosten) hat sich in kurzer Zeit ein beträchtliches Vermögen angesammelt. Manche sprechen von über 40 Millionen D-Mark andere wiederum von einem dreistelligen Millionenbetrag[120].

Zwei Jahre zuvor wurde gänzlich damit aufgehört, neue Leute anzuwerben. Der geschrumpfte Mitgliederbestand ist seitdem immer mehr zu einer geschlossenen Großfamilie zusammengewachsen und das mit allen Begleiterscheinungen: Neid, Eifersucht, Besitzansprüche. Wurden zu Anfang die Konkurrenzkämpfe spielerisch im Rahmen der Selbstdarstellung ausgetragen, so werden sie jetzt immer ernster und realer. War die Struktur eine lockere, spielerisch ausgetragene, sich jederzeit verändernde, emotional basierte Rangordnung, so erstarrt sie jetzt zu einer Klassenhierarchie. War früher die materielle Gleichheit weitgehend gegeben, so werden nun die Strukturobersten, allen voran Otto, sowie einige Großverdiener privilegiert. Das Geldverdienen ist zu einer äußerst ernsthaften Angelegenheit geworden. Gab es in den Anfängen der AAO nur Gelegenheitsjobs, so werden jetzt echte Berufe (überwiegend in Verwaltung und Vertrieb) über Jahre hinweg mit ständig wachsendem Erfolgsdruck ausgeübt.

---

[119] Mit Gruppen in Deutschland, Frankreich, Norwegen, den Niederlanden und der Schweiz zählte die Kommune in den frühen 1980er Jahren bis zu 35 Stadtgruppen.

[120] Über die Vermögensverhältnisse herrscht keine Offenheit. Nur wenige Verantwortliche sind eingeweiht. Erst nach Mühls *de-facto*-Absetzung und der Überführung des Kommunevermögens in eine Genossenschaft werden die Verhältnisse klarer. Doch halten sich noch nach Auflösung der Kommune hartnäckig Gerüchte darüber, dass Otto und „seine Clique" Geld beiseite geschafft haben sollen, was jedoch unwahrscheinlich und ohnehin nicht belegt ist.

Allmählich verändert sich grundsätzlich die allgemeine Stimmung. Ein maßgeblich von Claudia angestoßener und von Mühl betriebener, von Gorbatschow inspirierter und ebenso als „Glasnost" benannter Reinigungsprozess wirkt sich auf jeden bedrückend aus. Bedeutet Glasnost in der Sowjetunion ein Gewinn an Rede- und Meinungsfreiheit zugunsten von mehr Demokratie, so nimmt die Transparenz- Offensive in der Kommune eher stalinistische Züge an. Die Denunziationskultur, die ohnehin auch früher herrschte, nimmt extrem zu.

Mühls kommunales Tagespensum ist proportional zum Vermögen enorm gewachsen. Die Probleme aller Art, die die Kommune zu bewältigen hat, landen alle früher oder später auf seinen Tisch. Ein Delegieren der Verantwortung kommt für ihn nicht in Frage. Zwar gibt es den Zwölferrat[121], in dem die Probleme besprochen werden, doch die Entscheidungen trifft am Ende immer Otto, gleich in welcher Angelegenheit. Alle auch so kleine Kommunikationsprobleme werden an ihn herangetragen. Von früh bis spät kümmert er sich buchstäblich um alles.

1987.

Zur allgemeinen Überraschung heiraten im Januar Claudia und Otto[122]. Zwar sind aus steuerlichen und anderen Verwaltungsgründen fast alle Kommunarden (schein-) verheiratet, doch diese Union ist brisant, wird damit doch einerseits eine bereits bestehende Doppelherrschaftssituation zementiert und andererseits die Einflussnahme von Claudia auf Mühls Entscheidungen praktisch institutionalisiert.

Hinzu kommt, dass Claudia eine durch und durch sozial-darwinistische Herrschaftstheorie[123] entwickelt, die sie vehement propagiert und versucht insbesondere in den Kindergruppen durchzusetzen. Diese Ideologie vereinnahmt nach und nach auch alle anderen Lebensbereiche.

---

[121] Versammlung von zwölf Verantwortlichen für die verschiedenen Bereiche, alle von Otto ausgesucht. Der Zwölferrat soll den Anschein von ein wenig Demokratie waren. Er trifft sich regelmäßig zu Besprechungen, die von Otto geleitet werden.[121]

[122] Die Hochzeit fand heimlich statt. Nur ganz wenige waren im Vorfeld informiert. Erst nachher verbreitete sich wie beiläufig die brisante Nachricht.

[123] Claudia versucht, die bestehende emotional basierte *Struktur* durch eine an Konrad Lorenz' biologische Hierarchielehre angelehnte, feste Rangordnung zu ersetzen. *Ein Ordnungsprinzip, ohne das sich ein organisiertes Gemeinschaftsleben höherer Tiere offenbar nicht entwickeln kann, ist die sog. Rangordnung.* In Konrad Lorenz, *Das sogenannte Böse*, 1963, Borotha-Schöler-Verlag, Wien, S. 50.

Nach der Tchernobyl-Katastrophe vom 26. April 1986, deren radioaktiven Niederschlag das Burgenland stark getroffen hat, sucht die Kommune nach einem alternativen Aufenthaltsort. Nach langem Suchen und Abwägen fällt im Frühjahr 1987 die Entscheidung auf die von Theo Altenberg entdeckte Finca El Cabrito auf la Gomera. Über der nur per Boot oder zu Fuß erreichbaren Bucht schwebt ein Hauch von Arkadien: Die perfekte Kulisse für die hedonistischen Träume, die einst die Kommune zusammenhielten, die jedoch zu dieser Zeit bereits längst ausgeträumt sind.

Die quasi autokratische Entscheidung für den Kauf des Anwesens spaltet die Kommune erneut. Viele der Geldbeschaffer sehen darin lediglich eine enorme Verschwendung, während die Idealisten damit eine idyllische Vision verbinden.

Mühl füllt sich aufgerufen, das Geld mit fürstlicher *Grandezza* unter die Leute zu bringen. Entgegen der Empfehlungen der Ökonomie-Verantwortlichen kauft er in San Sebastian de la Gomera eine Immobilie nach der anderen, und zwar zu überteuerten Preisen, die er selber festlegt. Beamte und Politiker werden meist grundlos geschmiert. La Gaviota, ein riesiges, quasi wüstenartiges Grundstück im Süden der Insel, auf dem in Zukunft die ultimative utopische Stadt entstehen soll, wird für teures Geld angeschafft. Dieses ausgabefreudige Verhalten Mühls verstärkt die Konflikte, die nicht offen ausgetragen werden, sondern sich in Form von Unmut und dumpfen Vorwürfen äußern. Die Antwort darauf ist oft genug eine Struktur-Strafmaßnahme für die Skeptiker. Die Situation führt zum Auszug mehrerer wichtiger Leistungsträger in kurzer Zeit.

Parallel dazu greifen ehemalige Kommunemitglieder Mühl immer stärker von außen an, u.a. mit dem Vorwurf des Beischlafs mit Unmündigen. Aus diesem Grund werden die ausscheidenden Mitglieder mit großen Summen Schweigegeld verabschiedet.

Innerhalb weniger Monate wird die verfallene Liegenschaft von El Cabrito mit enormen Finanz- und Personalanstrengungen soweit wieder bewohnbar gemacht, dass bereits zum Weihnachtsurlaub 1987 die gesamte Kommune anreisen kann.

Die Kulisse für deren Showdown ist eingerichtet; und auf dieser Bühne wird die kleine Kunstrebellion gedeihen, die bereits am Friedrichshof begonnen hat.

4 DIE DISKRETE REBELLION

Von vielen Mitgliedern nicht wirklich wahrgenommen, als unbedeutend übersehen bzw. von der Führung heruntergespielt, ist die künstlerische Rebellion einiger weniger Kommunarden symptomatisch für die allgemeine Unzufriedenheit und das Freiheitsbedürfnis innerhalb der Kommune der letzten Jahre. Sie ist insofern von Bedeutung, als sie durchaus für Unruhe sowie Verunsicherung in den „oberen Kreisen" sorgte und sich dabei derselben Mittel bediente, die zur Gründung der Kommune geführt hatten. Überdies führt sie für die Betroffenen zu einer beispielhaften Wiedererlangung von Selbstbestimmung und Individualität[124].

Es ist nicht möglich im Rahmen dieser Schrift, alle Kommunarde zu erwähnen, die zu einem bestimmten Zeitpunkt opponiert haben. Einige sind in derselben Zeit oder schon früher auch ähnlich aktiv geworden. Manche mussten die Gemeinschaft verlassen, andere hatten eine weniger offen-oppositionelle Attitüde angenommen.

Es wird hier der Werdegang von vier Betroffenen geschildert, die in den letzten Jahren der *„gruppe"* für bedeutende Unruhe gesorgt haben. Sie sind stellvertretend für den Versuch, die Kommune von Innen mit künstlerischen Mitteln zu verändern und werden einzeln in der Reihenfolge ihrer Erscheinung auf der Kommunarden-Kunstbühne aufgeführt.

BELLA

Bella[125] ist von den vieren die erste, die bereits ab 1984 zunächst im Verborgenen mit ihrem ganz eigenen Kunstbetrieb intensiv beginnt. Außer der Kunstpraxis der Kommune hat sie keine Kunstausbildung genossen. Ihre Verfahrensweise entspricht einer Form voraktionistischer Kunst, wie sie Mühl selbst zu Beginn der 1960er Jahre ausgeübt hat. Sie hält sich nicht an jeweils aktuelle offizielle Themen sondern sie folgt ihrem eigenen Antrieb: ein kindliches Trauma in Verbindung mit einer starken Fixierung auf Otto Mühl.

da hab' ich die Maske von Mühl gemacht, aus Mehl und Papier. Papier war nicht einfach zu finden, ha - Ich war Putzfrau und so hatte ich die Möglichkeit, die Müllei-

---

[124] S. unten S.142.
[125] Von Mühl so genannt (S. oben S. 9).

mer im Ökonomie-Büro auszuleeren und so konnte ich was sammeln. Und damit habe ich eine Maske gemacht und ihn immer wieder dann angespuckt, angespuckt, angespuckt - das war mein erstes. [...]

Ich hatte einen wahnsinnigen Hass. Ich fühlte mich schuldig ihn als Kinderschänder zu sehen, ich dachte ich sei pervers und verdrehe die Realität. Drei Jahre lang habe ich den Hass bewahrt und die Widerstandskraft behalten, und nach drei Jahren bin ich umgekippt. Ich habe ihn in diesem Keller auch groß, in Natur, größer, fast größer als er war aufgebaut und ermordet, in der Nacht. Den Kadaver peu à peu in Stücke geschnitten und jedes Stück peu à peu eingewickelt und versteckt in den Müllcontainern [...] Aber das war für mich keine Kunst, das war für mich lebensnotwendig. Mein Hass musste raus, sonst kipp' ich um und verliere wieder die Kontrolle.[126]

Auch heute noch, trotz Verkäufe und Galerie-Ausstellung in Wien[127], sieht Florence Burnier, so ihr echter Name, ihre Arbeit nicht als Kunst. Gerade dies macht sie so authentisch. Burniers Werk ist zwischen Art Brut und aktionistischer *Gerümpelskulptur*[128] anzusiedeln.

Am Friedrichshof muss Bella ihre Objekte und Bilder wie alle anderen Kommunarden auch immer wieder zerstören und entsorgen. Als große Bilder mit brisantem Inhalt[129] in ihrem Zimmer entdeckt werden, gibt es drastische Folgen: *Ich musste ausziehen (aus dem Zimmer), alles zerreißen, ich wurde bewacht und durfte nicht mehr privat malen.*[130]

Die Jahre vergehen mit immer neuen Ansätzen in verschiedenen Örtlichkeiten, bis sich 1988 eine entscheidende Situation ergibt. Bella baut direkt hinter der großen Mauer, die um den Friedrichshof verläuft, in einer verdeckten Ecke eine riesige, ihrer Tochter zum Geburtstag gewidmete Skulptur: *l'appartement du clochard* (die Wohnung des Obdachlosen). Die raumgreifende Arbeit besteht im Wesentlichen aus wild miteinander verbundenen, verrosteten Metallteilen.

Zwar ist die Skulptur nicht direkt sichtbar, doch ist sie auch nicht wirklich versteckt. Jeder, der auf dem Weg zum großen Gemüsegarten den Blick in Richtung Mauer schweifen lässt, kann sie entdecken.

---

[126] Aus Philipp Schmickl, *Interview mit Florence Burnier*, 27.02.2012, Wien. Quelle: Florence Burnier.
[127] Galerie Kunst und Handel, Wien 2012.
[128] So beschreibt Otto Mühl 1961 seine ersten plastischen Arbeiten.
[129] Bilder zum Thema Kinderschändung.
[130] Aus Philipp Schmickl, *Interview mit Florence Burnier*, 27.02.2012, Wien. Quelle: Florence Burnier.

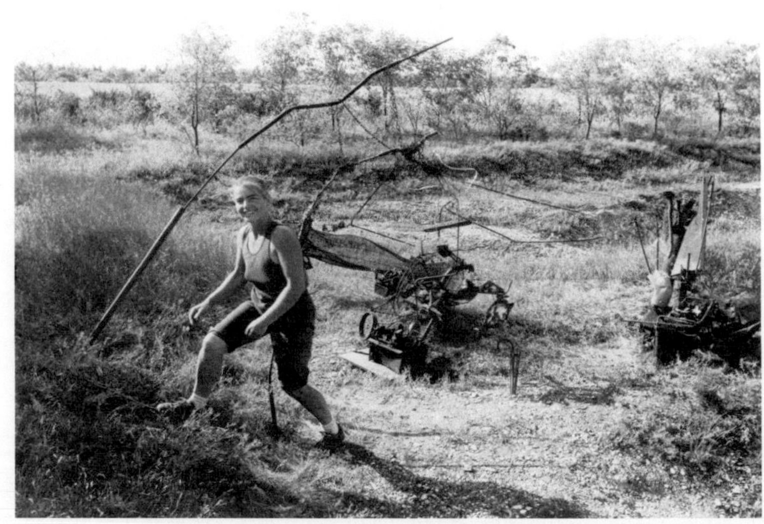

Bella bei der Herstellung des *appartement du clochard*,
Friedrichshof 1988. Courtesy Florence Burnier 2016

Kein Wunder, dass Otmar auf das „Ungeheuer" stößt. Nach seiner Rückkehr aus La Gomera[131] hat er für seine künstlerische Aktivität nach einem ruhigen Ort am Friedrichshof gesucht und ist fündig geworden. Er arbeitet nun in der Nähe von Bellas Installation, in der alten Schottergrube, wo zwei Holzhütten und ein Keramikbrennofen stehen: Reste eines früheren Projektes. Zunächst beobachten sich beide gegenseitig, doch bald verbünden sie sich. Otmar verliebt sich in Bella. Auch wenn die Beziehung nicht einfach ist, sind Bella und Otmar von nun an ein Paar, das sich trotz allseitigen Drucks nicht wieder trennen lassen wird. Was sie beide teilen ist ihre von Hass-Liebe geprägte Fixierung auf Otto Mühl.

Diese Union lässt eine Situation entstehen, der Otto alles andere als souverän zu begegnen weiß. Einzeln genommen waren beide „Problem-Kommunarden" schon schwer genug zu beherrschen. Zusammen entfalten sie noch deutlich mehr Sprengkraft. Nicht nur haben sie sich künstlerisch selbständig gemacht: als Paar verstoßen sie nun auch gegen das Allerheiligste der Kommune, dem Verbot der Zweierbeziehung. Im kleinen Atelier sind sie regelmäßig Thema. Otto versucht mit allen Tricks zu erfahren, was in den Holzhütten passiert. Er schickt Spione, die regelmäßig enttarnt werden.

---

[131] S. unten S. 98.

Kinder und Jugendliche dürfen sich den Hütten nicht nähern, was sie trotzdem tun. Schließlich erklärt er Bella zur Betreuerin von Otmar, ist dieser durch seine Alkoholabhängigkeit doch gesundheitlich gefährdet. So versucht er das Zusammensein der beiden gegenüber den übrigen Kommunarden zu rechtfertigen. Doch nichts hilft, Bella und Otmar führen ihr eigenes Leben, nehmen an den gemeinschaftlichen Veranstaltungen nicht mehr teil und fahren mit einer eigenen, unabhängigen Kunstproduktion fort. In November 1988, als alle Kinder, begleitet von ihren Betreuern, Otto und seiner „Führungsriege" nach El Cabrito übersiedeln, fliegt das Pärchen mit.

Später, zurück am Friedrichshof, baut Burnier eine letzte, spinnennetzartige Großinstallation, die sie *Kloake* nennt. Mittendrin, eine als Maler verkleidete, lebensgroße männliche Puppe, deren Glied eine kleinere Puppe durchbohrt. Doch die Puppenszene entdeckt man nur beim Hineinkriechen in das Netz. *das ganze bepisst sie täglich, schüttet dreck, literweise stinkenden Knochenleim hinein.*[132]

Schliesslich lädt sie Mühl ein, bei einem Besuch, den er dem renitenten Paar abstattet, in das Netz hineinzuschauen.

Wenig später verlassen Bella und Otmar endgültig den Friedrichshof.

OTMAR

Otmar Bauer (9.01.1945 – 17.10.2004)

Als *Verlegenheitskünstler, Aktionist und Mitbegründer der Kommune Friedrichshof,* so bezeichnet sich Otmar selbst nach der Kommunezeit. Lange vor deren Gründung, partizipiert der Architekturstudent Otmar Bauer an vielen Materialaktionen von Mühl. Auch bei der berühmt berüchtigten Uni-Aktion der versammelten Wiener Aktionisten „*Kunst und Revolution*" 1968 im Hörsaal 1 des Neuen Institutsgebäudes der Universität Wien ist Bauer aktiv dabei. Er entwirft auch eigene, sehr extreme Aktionen, die wie die meisten der Wiener Aktionen gefilmt werden: die *Vomit-Action* 1969, in der er erbrochenen Rotwein immer wieder einnimmt und immer wieder ausspeit, *oder Impudenz im Grunewald* (mit Günter Brus, gefilmt von Oswald Wiener) ebenfalls 1969, in der er unter anderen extremen Szenen in Brus' Mund defäkiert.

---

[132] otmar bauer, , *1968 / autographische notizen,* 2004, Edition Roesner, Maria Enzensdorf, Wien.S. 200.

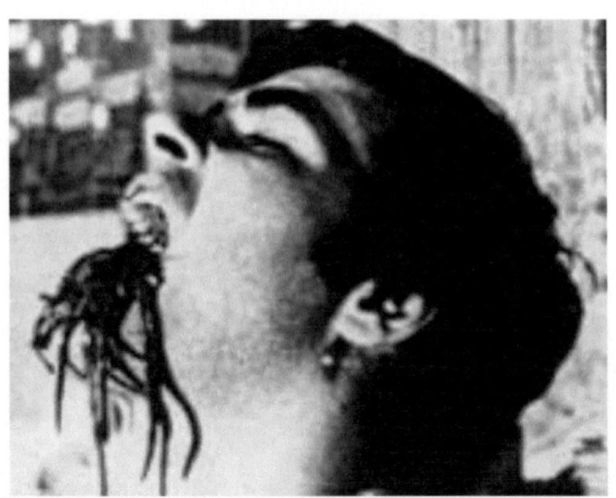

Otmar Bauer, Filmstill aus *Impudenz im Grunewald* gemeinsam mit Günter Brus,
Berlin 1969. Courtesy Florence Burnier © 2016.

Das Verhältnis zu Mühl oszilliert von Anfang an zwischen Bewunderung, Neid und Unmut. Otmar muss sehen, wie Otto immer mehr an Autorität gewinnt und wie alle Frauen sich von ihm angezogen fühlen.

Otmar spielt in den Anfangsjahren der Kommune und der AAO eine entscheidende Rolle. Der Friedrichshof wird auf seinen Namen erworben. Er organisiert von Wien aus die Ökonomie. Später plant er maßgeblich den sog. Lilly-Bau, leitet die Bauarbeiten u.s.w.

Als es zu den geschilderten Veränderungen kommt (Stichwort „Glasnost"[133]), gerät Otmar in eine zunehmend schwierige Position. Er wird als Architekt der Kommune entthront, verliert sein bisheriges Privileg, abends immer im engen Kreis um Otto sein zu dürfen, obwohl dies seinem Platz in der Hierarchie bereits längst nicht mehr entsprach. Er kommt in eine von ihm als Arbeitslager bezeichnete Stadtgruppe. Letztendlich verfällt er wieder seinem alten Laster, der Alkoholabhängigkeit. Parallel dazu entwickelt er ein immer dringlicheres Bedürfnis, künstlerisch tätig zu sein, was Otto versucht ihm auszureden[134].

Zunächst zeichnet er nachts und in jeder freie Minute, malt konforme Bilder nach Ottos Vorbild, die er anschließend beseitigt wie alle anderen Kommunarden auch. Als er sich in Düsseldorf mit Auszugsgedanken[135] trägt, wird er nach El Cabrito geschickt, wo er dann zum ersten Mal im Frühjahr 1988 ankommt. Bauer handelt mit

---

[133] S. oben S. 84
[134] Vgl. *otmar bauer, 1968 / autographische notizen,* S. 113.
[135] „Ausziehen" hieß in der Kommunensprache, die Gemeinschaft verlassen.

Otto aus, dass er dort halbtags als Künstler tätig sein darf. Den Rest des Tages verbringt er mit dem Verwalten von Werkzeug und Baumaterialien.

Die Finca bietet Materialien in Hülle und Fülle, von tonnenweise Altmetall bis hunderte Sorten Steine über Holzreste, Schwemmgut u.v.m.. Das Werkzeugsangebot ist ebenso großzügig. Otmar findet vorerst im Umgang mit Metall und Steinen eine geeignete Sprache für seine expressive Not. Vor dem Werkzeug-Container entsteht eine Skulptur nach der anderen[136].

Als Rudolfson kurz darauf in der Bucht eintrifft und nach einer Phase der Gewöhnung ebenfalls in Produktion geht, entstehen erste Objekte in der Ruine einer von Bauers Container 40 Meter entfernten alten Halle, die kurzerhand als Atelier umgewidmet wird[137]. Es macht Schule. Alsbald sind etliche kunstmachende Kommunarden in der Strandzone der Finca anzutreffen. Einige nutzen die noch freie Fläche neben Rudolfsons Arbeitstätte. Die Nicht-Otto-Kunst wird auf einmal sichtbar. Die großen und sprichwörtlich gewaltigen Skulpturen von Otmar zieren nun die Wegkreuzung, die jeder, der in El Cabrito ankommt, überquert.

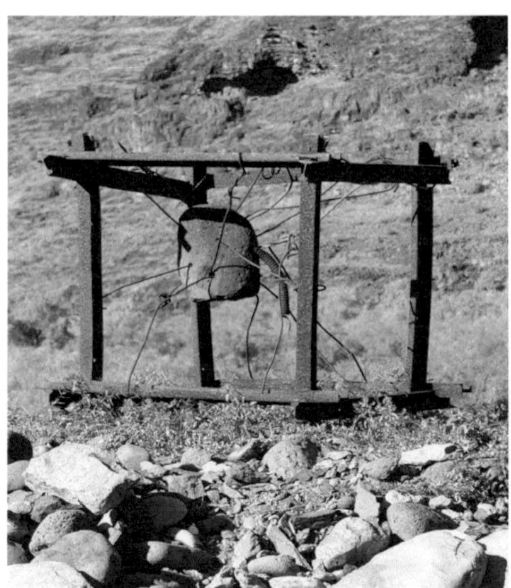

Otmar Bauer, in El Cabrito 1988 hergestellte Skulptur (steht immer noch dort).
© Benoit Tremsal 2016

---

[136] Einige wenige zieren noch heute die Finca.
[137] S. unten S. 103.

Die Werke von Rudolfson bilden eine permanente Ausstellung in der dachlosen Halle. Zusätzlich mischt sich auch Mühls ältester Sohn, der der Kommune nicht angehört und nur zu Besuch da ist, ein, indem er hier und da einfache Pfahlskulpturen aus Holz und Steinen aufstellt.

Otto muss reagieren. Unter dem Vorwand einer frei erfundenen Naturschutzbestimmung lässt er Otmars Skulpturen ins Hinterland abtransportieren. Mühls Sohns Arbeiten werden einfach weggeräumt. Auf einer der letzten Terrassen im Inneren des Anwesens lässt Mühl einen Malplatz für alle einrichten. Für ihn wird auch dort ein Malatelier in einfacher Holzkonstruktion errichtet. Das Malen und Zeichnen außerhalb des kollektiven Freiluftateliers wird untersagt.

Vorerst arbeitet Rudolfson als einziger weiterhin im Schutz der Ruinenmauern. Otmar entgegen muss seinen Arbeitsplatz verlassen. Mühls Begründung: Die externen Arbeiter stören sich am Anblick eines wild werkelnden Künstlers, dort wo sie ihre Werkzeuge und das Kleinmaterial morgens abholen und abends zurückbringen müssen.

Mittlerweile hat sich Otmar im Gelände umgeschaut: Seine Wahl fällt auf die „Cabezada". Dort, am höchsten Punkt der Finca, steht neben einem Bewässerungsbecken ein kleines, altes, leeres Turbinenhäuschen. In der Nähe befindet sich eine Folge von drei kleinen Höhlen, wie man sie überall auf la Gomera findet. Der mit Stroh bedeckte Boden dort weist auf eine frühere Nutzung als Ziegen- oder Schweinestall hin.

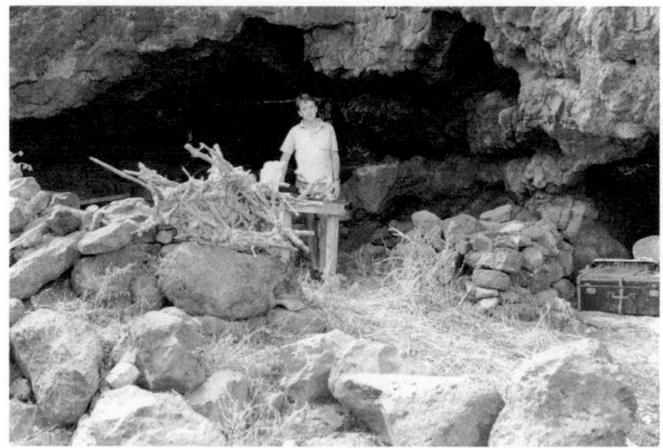

**Der V. 1991 vor Otmar Bauers „Ziegenhöhle" oberhalb der Finca El Cabrito,
mit Aktionsobjekt von Bauer im Vordergrund.**
© Benoit Tremsal 2016

Direkt unterhalb des Wasserbeckens bietet eine kleine Terrasse genug Fläche für wilde Aktionen, geschützt vor neugierigen Blicken. Kurzum: der ideale Platz für eine provisorische Künstler-Niederlassung.

Da hier keine Elektrizität vorhanden ist, muss Otmar umdisponieren. Das Verarbeiten von Metall und Steinen ist nicht mehr möglich. Also besorgt er sich Acrylbinder und Malerton, holt aus einem natürlichen Lager in den Bergen rote tonartige Vulkanasche und Schilf aus dem Barranco[138]. Mit Stofffetzen bindet er das Ganze zu informellen Skulpturen. Mit großen Mengen weißer und roter Acrylfarbe und den besagten Zutaten führt er die wilde *Desaster in Rot* - Aktion[139] durch, deren Videoaufnahme kurzer Zeit später am Friedrichshof beim SD-Abend gezeigt wird als die erste Kunsthandlung überhaupt , die nicht von Otto ist.

Nach einiger Zeit gesellen sich zum einsamen Aktionskünstler in den Höhlen auf der „Cabezada" zunächst Dieter, der Dichter und kurz darauf der Autor dieser Zeilen[140].

Doch für Otmar naht bereits die planmäßige Rückreise.

Zurück am Friedrichshof richtet der durch die Erfahrung in El Cabrito gestärkte Verlegenheitskünstler sein Atelier in unmittelbarer Nachbarschaft zur Kampfzone seiner zukünftigen Partnerin und Komplizin. [141]

Als erstes organisiert Bauer ein kleines Weindepot. Das alkoholische Getränk bekommt er von Landwirten der Nachbardörfer, die er alle gut kennt. Das wird ihm zum Verhängnis: Gleich bei seiner ersten Kunstaktion bricht er unter der gnadenlosen Sommerhitze der Parndorfer Heide zusammen. Otmar wird in einem Graben gefunden und ins Krankenhaus gebracht, wo er sich einige Tage lang erholen muss. Das Kunstwerk aber ist entstanden: *le gobelin,* so genannt in Anlehnung an die berühmten französischen Tapisserien, ein großes chaotisches Gebilde aus Eisengitter, einem Federbett, Stroh, Stofffetzen und Unmengen Farbresten, findet sogar bei Otto *wegen dessen absoluter formlosigkeit*[142] Gefallen.

---

[138] Felsschlucht mit (meist trockenem) Flusslauf dessen Mündung die Finca El Cabrito bildet.
[139] S. oben S. 7.
[140] S. Prolog S. 5.
[141] S. oben S. 89.
[142] otmar bauer, *1968 autographische notizen,* S. 174.

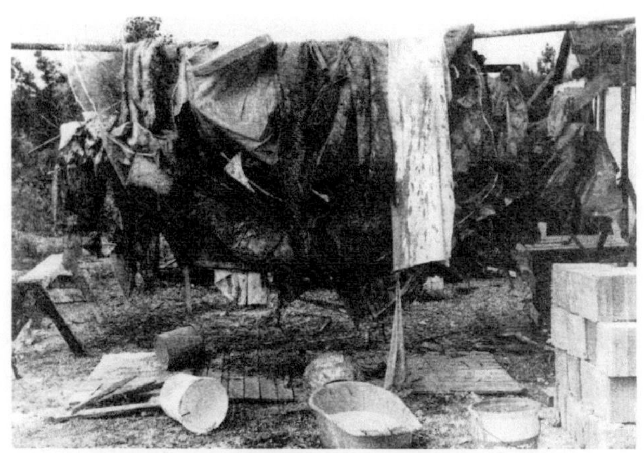

Otmar Bauer, *le gobelin*, Friedrichshof, Juni 1988.
Courtesy Florence Burnier © 2016.

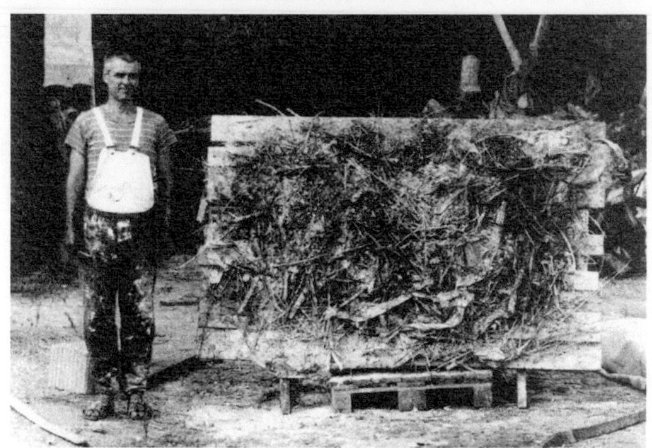

Otmar Bauer am Friedrichshof mit Materialbild , 1988.
Courtesy Florence Burnier © 2016.

Eine andere Großskulptur entsteht, die mit dem Titel *Mastodon* getauft wird. Der Zusammenschluss mit Bella beflügelt Otmar zusätzlich. Es entstehen großformatige Reliefs aus mit heißem Asphalt übergossenen Material-Assemblagen.

Otmar beklagt in seinem Buch, dass Otto sofort die Idee mit dem Asphalt übernimmt und eigene Asphaltbilder[143] produziert. Dabei kam die Idee ursprünglich von Ru-

---

[143] Bereits vor dem Aktionismus soll sich Mühl unter den Wiener Künstlern unbeliebt gemacht haben mit dem Ruf, jede neue Idee von anderen Künstlern nachzuahmen. Vgl. bauer, otmar, *1968 autographische notizen,* S. 35.

dolfson, der als Student an der Kunstakademie in Karlsruhe mit diesem Material experimentiert hatte. Sein Lehrer Emil Schumacher hatte selbst die Asphalt -Technik übernommen, so auch Otto und Otmar, nachdem Rudolfson ihnen von diesen Experimenten berichtet hatte. Otmar arbeitet ohne jeglichen Schutz, Mühl hingegen mit Feuerwehr-Schutzanzug. Bauer verletzt sich bei der Arbeit, Mühl lässt sich beim Asphaltieren von einem Fernsehteam filmen.[144]

Das Paar, das sich nicht an die Kommuneregeln hält, wird für Mühl immer mehr zum Problem. Keiner darf mit den beiden in Kontakt treten. Nur die zwei anderen aufsässigen Künstler Dieter Reichert und Rudolfson trauen sich am späten Abend in den Verschlag. Als dies bekannt wird, versucht Otto die Situation zu nutzen: Der Zusammenkunft wird unter der Voraussetzung unterstützt, dass die vier unter sich die „*Struktur*" klären. Dies gelingt jedoch nur ein einziges Mal. Die Intention dahinter wird den Beteiligten schnell klar: Lassen sie sich auf dieses Spiel ein, so sind sie wieder konform, die Lage für die Führung ist wieder beruhigt. Zu einer eingeschworenen Gemeinschaft werden sie aber nicht. Die Unterschiede in Persönlichkeit und Motivation zwischen Bella und Otmar auf der einen Seite und Dieter Reichert und Rudolfson auf der anderen sind unüberwindbar. Außerdem herrscht seitens des Paares ein grundsätzliches starkes Misstrauen gegenüber anderen Kommunarden. Nach wenigen Treffen gehen die Wege wieder auseinander. Bereits auf El Cabrito hatten Otmar, Rudolfson und Reichert nicht wirklich zueinander gefunden. Es war ein verständnisvolles Nebeneinander aber es entstand nie eine Komplizenschaft. Rudolfson dazu: *wir wissen zwar jeweils über die Arbeit des anderen Bescheid, jedoch fehlt das persönliche Gespräch, eine gewisse Solidarität in der Ausnahmesituation als „Künstler".*[145]

Am Ende gibt es noch einen Versuch der beiden Aufrührer, die Kommunarden zu erreichen in der Hoffnung, eine Veränderung des erstarrten Systems herbeizuführen. Sie besetzen mit einer Ausstellung aller ihrer Werke die große Halle 2[146]. Doch außer den Jugendlichen kommt keiner, wohl aus Furcht, selbst in Verdacht zu geraten Aufrührer zu sein. Es bleibt nur noch ein Ausweg: Der Auszug aus der Kommune, der auch prompt folgt.

---

[144] Vgl. otmar bauer, *1968 autographische notizen,* S. 178.
[145] In einer Privatkorrespondenz mit dem V. 2013.
[146] Eine der großen industrieartigen Hallen am Friedrichshof.

RUDOLFSON

Das künstlerische Erwachen des Wolf Rudolfson beginnt im Jahre 1987 im Zuge seiner Tätigkeit im Kunstbüro. In dieser Arbeitsgruppe ist er damit beschäftigt, die sog. *briefe an erika*[147] zu überarbeiten, chronologisch zu sortieren, unklare Deutungen der Handschrift Mühls zu berichtigen und ähnliche Tätigkeiten. Dazu schreibt er in einer Privatkorrespondenz mit dem Autor: *Was hier in Briefform über mehrere Jahre hinweg beschrieben wurde, nämlich seine künstlerische Arbeit von Anfang bis Mitte der 60er Jahre, die Entwicklung seiner Malerei zur Aktionsmalerei bis hin zur „Zerstörung des Tafelbildes" und zum Aktionismus, hat mich absolut fasziniert und begeistert.*

Und weiter: *Ich war berauscht, fing an zu zeichnen was ich wollte, die abendlichen Aktzeichenkurse konnte ich deutlich intensiver genießen, machte Proportionsstudien, zeichnete nach Abbildungen, nach der Natur, ein starkes Bedürfnis stellte sich wieder ein. .../... Die Wucht dieser Briefe hat mich angesteckt und getrieben, bis ich dann im November 1987, OM (Otto Mühl, A.d.V.) war in El Cabrito, es war belebend ruhig und entspannt am Friedrichshof, meine erste „Gerümpelplastik" zu machen begann, ganz im Sinne und in der Tradition der „Erikabriefe".*

So der Beginn einer Kunstproduktion, die sich bis zum Auszug Rudolfsons zwei Jahre später stetig weiterentwickeln wird. Er fühlt sich an seine Zeit an der Kunstakademie und dem damit verbundenen Elan erinnert. Dass er zunächst aus Verzweiflung agiert, notiert der 38 jährige im Dezember 1987 in seinem Tagebuch, doch er hat einen Weg gefunden, der ihn befreit.

Die ersten Arbeiten wie z.B. *Kuckucksuhr* aus einer Holzkiste mit Metallabfällen, Draht und einer nach unten hängenden Kette orientieren sich noch sehr am Vorbild. Es entstehen dann einige Ready-mades, unverändert auf einem Sockel montierte Fundstücke wie das Pedal eines Klaviers, der Verriegelungsarm einer Lastwagenladeklappe; sie werden *Idole* tituliert. Plastiken aus bemalter Pappe und Papier folgen, immer noch heimlich, außerhalb der allgemeinen Arbeitszeiten, in Lager- und Durchgangsräumen zwischen den verschiedenen Werkräumen des Friedrichshofs, zu denen Rudolfson als Teilzeit-Werklehrer die Schlüssel hat.

---

[147] Briefsammlung von Mühl an eine Freundin, vgl. otto muehl, *lettres à erika 1960 – 1970, tagebuch des aktionismus*, 2004, édition les presses du réel dijon.

An einem SD-Abend im Februar 1988 (als Mühl sich in El Cabrito aufhält) führt der angehende selbständige Künstler die Aktion „Halali" auf: Nackt mit einem Jagdhorn in der rechten Hand intoniert er den Jagdgruß, pinkelt dabei - das Glied in der Linken, bis er nicht mehr muss. Diese Aktion zeigt eine unverkennbare Verwandschaft mit der berühmten „Uni-Ferkel-Aktion" [148] der Wiener Aktionisten der 1960er Jahre in Wien. Auch wenn sein Handeln bereits rebellische Züge trägt, hält Rudolfson zu diesem Zeitpunkt noch immer an der Verbindung von Kunst und Therapie fest. Das wahre Motiv seiner Aktion ist die Revolte gegen den eigenen Vater, ein Jäger. Auch aus mehreren Tagebucheinträgen dieser Zeit über seine Objekte lässt sich jene Verbindung feststellen.

Einige Wochen später als Otmar Bauer, im März 1988, kommt Wolf Rudolfson zum ersten Mal nach El Cabrito. Zunächst durch die neue Situation verunsichert (*Otmar lief damals in einer ledernen Schweißerschürze herum, schweißte, hämmerte und schraubte seine Objekte zusammen, ein unglaubliches Sakrileg, eine Anmaßung, die verunsicherte*[149]) aber dennoch durch Otmars neuen Künstlerstatus ermutigt, fängt er zunächst an zu zeichnen. Die Motive sind zahlreich, ja unerschöpflich. Er riskiert heimliche Ausflüge allein ins Barranco und in die Berge, *das Zeichenbuch immer dabei [...] ein Versuch, einen eigenen Weg zu finden außerhalb des Gruppenkonsenses*[150]. Dann entdeckt er auf der Finca alte, ca. zwei Meter lange Holzgabeln, die als Stütze für die Bananenstauden ausgedient haben. In einer Ecke der bereits erwähnten dachlosen Ruine einer Halle[151], die früher für die Lagerung und Verpackung von Tomaten, später von Bananen benutzt wurde, richtet er sein Atelier ein. Aus jenen „Bananenstangen", alten Blechteilen und am Strand gesammelten, eiförmigen Kieselsteinen baut er erste *Feldzeichen*, die er gegen die alten Steinmauern lehnt. Auf dieser Weise entsteht in kurzer Zeit eine kleine Ausstellung, die nicht unbemerkt bleiben kann.

---

[148] So nannte die österreichische Yellow Press die Aktion „Kunst und Revolution". S. auch oben S. 93.
[149] Aus einer Privatkorrespondenz mit dem V. 2013.
[150] Ebd.
[151] Diese sog. „Bananenhalle" wurde 1989 nach Konzept des österreichischen Architekten Adolf Krischanitz für die Nutzung als Essraum und Veranstaltungsraum teils wiederaufgebaut, teils renoviert. Krischanitz baute auf El Cabrito auch ein neues, kleineres Gebäude, das „Fahrtenbüro", das jetzt als Bar und Bibliothek genutzt wird.

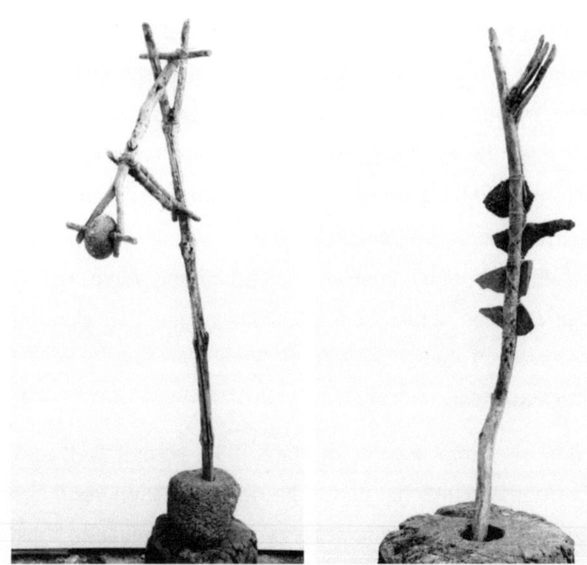

**Rudolfson, zwei Objekte mit gefundenen Materialien (Holz, Steine) auf El Cabrito
1988 hergestellt. Höhe links ca.160 cm, rechts ca. 140 cm.**
Courtesy Wolf Rudolfson © 2016.

So kommt es zu einem Besuch von Otto *mit einigen 20-30 Kommunarden im Schlepptau*[152]. Mühl ist von der archaischen Erscheinung der Plastiken irritiert, aber dennoch beeindruckt von deren Ausdrucksstärke und ästhetischer Qualität. Zum ersten Mal überhaupt verhält er sich, wie man es von einem Künstlermeister - was er stets behauptet zu sein - erwarten darf: Er äußert konstruktive Kritik und weist dem (bereits nicht mehr) Schüler mögliche Richtungen, ohne auf Konformität mit der von ihm angestrebten zu bestehen. Neben dem milden Klima und der paradiesischen Umgebung ist zu vermuten, dass der beginnende Druck der Öffentlichkeit bezüglich Mühls sexueller Übergriffe auf Unmündige dieses besonnene Verhalten in ihm bewirkt[153]. Bald aber lösen Bauers und Rudolfsons Vorbild sowie Mühls relative Gelassenheit die oben beschriebene Kunstwelle mit ihren Konsequenzen aus[154].

Rudolfson lässt sich zunächst davon nicht beeindrucken und verbleibt im improvisierten Atelier. Vom Rummel um seine Person, seine Arbeit und den dadurch hervorge-

---

[152] Aus einer Privatkorrespondenz mit dem V. 2013.

[153] Zu dieser Zeit ist Rudolfsons Tochter bereits ausgezogen und arbeitet mit Exkommunarden an einer möglichen Anklage gegen Mühl.

[154] S. oben S. 96.

rufenen Unruhen verstört, zieht er kurz darauf vor, mitsamt seiner Werke und Materialien in eine von der Kindergruppe gerade verlassenen „Höhle" in der Tamariskenhecke[155] zu übersiedeln, wo er eher unbeobachtet arbeiten kann.

Den vielen „Feldzeichen" folgen gefährlich aussehende, jedoch unsinnige und nicht handhabbare *Waffen, Stoß-, Schlag- und Stichwaffen*[156] aus Ästen und Stöcken, die mit spitzen und scharfen Steinen kombiniert sind. *Es sieht aggressiv-schön aus, gewalttätig und gleichzeitig magisch*[157].

Es ist nicht so, dass Rudolfson sich seiner Kunst ganztätig widmen kann. Als Kommunarde muss er einige andere Aufgaben erfüllen. Er wird z.B. auf dem Bau oder in der Küche eingeteilt oder muss Toilettenhäuser leeren (zu der Zeit ist auf der Finca noch keine Kanalisation installiert). Doch bleibt ihm genug Zeit für eine eindrucksvolle Kunst-Produktion.

Auch für Rudolfson kommt der Zeitpunkt der Rückkehr nach Österreich. Doch nichts wird mehr so sein wie früher. Der Keim der Freiheit hat gefruchtet. Das künstlerische Verlangen ist vollends geweckt worden. Am Friedrichshof angekommen, sucht er wie Otmar etwa zur selben Zeit nach einem ruhigen, geeigneten Ort, um mit seiner Kunstproduktion fortzufahren. Der Raum, in dem Gustav Zimt alias A.R. Penck alias Ralf Winkler ein paar Jahre zuvor geschnitzt hatte[158], befindet sich direkt neben der Töpferei, für die Greta (Name verändert) verantwortlich ist. Er ist leer und frei. Rudolfson erhält von Greta den Schlüssel für die Töpferei - er soll solange darauf und auf den Raum daneben aufpassen wie sich diese auf El Cabrito aufhält. Der sanfte Rebell richtet sich dort ein. Man lässt ihn gewähren; Otto ist immer noch auf der Insel.

Bald entstehen ganz neuartige, großformatige Arbeiten aus Pappmaché. Sie können zum ersten Mal wahrgenommen werden, als Otto, zurück aus La Gomera und mit der üblichen Schar von Kommunarden um sich, Rudolfson in seinem Atelier (mittlerweile ist allgemein bekannt, dass er dort arbeitet) einen Besuch abstattet. Riesige Kokons hängen von der Decke, liegen am Boden oder lehnen an der Wand, Körper-

---

[155] Als Schutz gegen Wind und Salz wurden vermutlich in den 1920er Jahren über die gesamte Strandlänge von ca. 600 Metern Tamarisken gepflanzt. Diese Hecke kann in der Breite bis zu 20 Meter erreichen und in der Höhe über drei Meter. Darin wurden für die Kinder ausladende, schattige Höhlen geschlagen.
[156] Aus einer Privatkorrespondenz mit dem V. 2013.
[157] Aus Rudolfsons Tagebuch 20.04.1988.
[158] S. oben S. 75.

schutzkörper, in denen ein Mensch zum Regredieren Platz nehmen könnte - nicht wie in der Kommune üblich inmitten von hundert Leuten beim täglichen Selbstdarstellungsabend, sondern ganz für sich privat.

Die Arbeiten sind beeindruckend und zeugen neben der Courage, überhaupt solche Werke herzustellen, vor allem von Formgefühl und Konsequenz in der Ausführung.

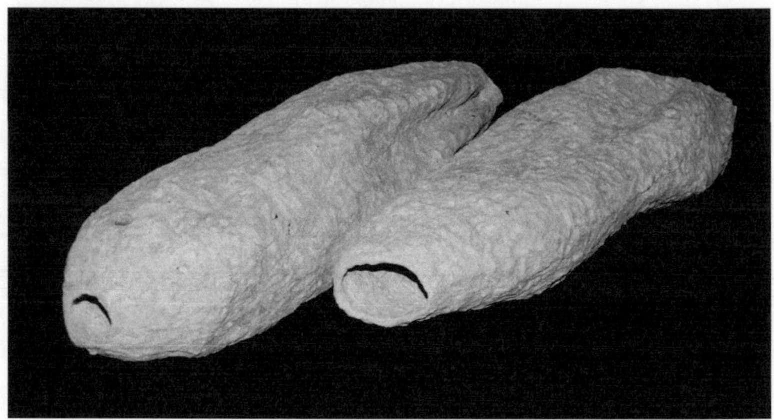

Wolf Rudolfson, zwei Kokon-Skulpturen, Pappmâché, am Friedrichshof 1989 hergestellt. Länge je ca.100 cm.
Courtesy Wolf Rudolfson © 2016.

Zum ersten Mal, seitdem Kunst in der Kommune kollektiv praktiziert wird also seit über zehn Jahren ist es jemandem gelungen, sich vom Zwang zu befreien, nach dem einzig gültigen Mühlchen Kanon zu arbeiten! Zwar ist Otmar Bauer ebenfalls sozialkünstlerisch ausgeschert, doch formal bleibt er bis zum Ende seines Lebens dem aktionistischen Duktus treu. Anders kann er einfach nicht, ist er doch den ganzen Weg von den Anfängen des Wiener Aktionismus Seite an Seite mit Otto gegangen. Noch eher als Otmar hat Florence Burnier innerhalb der Gattung Aktionsskulptur einen eigenen Stil entwickelt. Rudolfson aber hat sich klar distanziert.

Am 6. September 1988 schreibt er dieses Manifest:

MANIFEST (Rohfassung)

1. *Die Grundtendenz dieses Manifestes ist eine positive, fortschreitende, wohl-wollende.*

2. *Ich rufe hiermit den Friedrichshofer Untergrund aus, den FHU.*

3. *Der FHU ist eine totalkünstlerische Bewegung, die jeden Bereich des Menschen betrifft. Sein Ziel ist die Rückenlage der zur Zeit bauchlägrigen Verhältnisse.*

4. *Der FHU ist gegen jede Art von Kotau[159], wie er auch gegen jede Art von Satori[160] ist. Er ist für den aufrechten Gang.*

5. *Der FHU kämpft um das eigene Überleben, er ist also ein hoffnungsfrohes Unternehmen.*

6. *Der FHU ist in ständiger Bewegung, er zerfällt und~ gründet sich täglich mehrmals neu. Er ist dadurch kaum existent, trägt jedoch in sich den Keim einer neuen, besseren Gesellschaft: Das sind wir unseren Kindern schuldig!*

7. *Der U, der Untergründler, ist eine schillernde Persönlichkeit im ursprünglichen Sinne des Wortes: Es tönt nur so aus Ihm heraus. Er ist renitent, unfolgsam, mosernd, motzend, angefressen aber auch kauzig, eigenbrödlerisch, einzelgängerisch, solitär wie aber auch lustig, gut gelaunt, kommunikativ, und vor allem schöpferisch, aktiv, künstlerisch, er sprudelt voller Ideen. Er ist geil. Das hervorragenste Charakteristikum des U's sind seine äußersten Bedenken und seine tiefe Abneigung davor, sich gedankenlos einzusortieren. Hier revoltiert er durch Entzug.*

8. *Die persönlichen Interessen des U's gemischt mit den Interessen der Gruppe, das ergäbe eine hochexplosiv-potente Mischung, die Berge versetzen kann.*

9. *Der extraordinäre Zustand ist der angestrebte schöpferische Zustand des U`s. Um Ihn zu erreichen ist ihm jedes Mittel recht.*

10. *Grundvoraussetzung für einen normalen schöpferischen Zustand ist die stressfreie, schuldgefühlfreie, offene Handhabung und Benutzung aller denkbaren Genussmittel. Dazu gehört auch die Sexualität.*

11. *Das einzige legitime Muss ist das Kunstmuss.*

12. *Wenn alle begeistert "ja" brüllen, pfeifen, johlen oder beten, dann würgt es den U. Der U ist gegen jede Art von Gott. Er ist sein eigener. Als solcher hat er immer recht, als solcher ist er immer zu Verhandlungen bereit, als solcher*

---

[159] Ehrerbietiger Gruß im Kaiserlichen China. Umgangssprachlich: sich anbiedern / erniedrigen / anschmeicheln.
[160] Erleuchtungserlebnis im Zen-Buddhismus.

ist er immer bereit mitzumachen.

13. *Der U ist der Depp, der endlich mit dem Denken beginnt. Er denkt nur an sich selbst.*

14. *Der U sieht seinen Protest im Rahmen seiner künstlerischen Arbeit und somit wirklichkeitsschaffend.*
    Im vollen Bewusstsein aller meiner Unzulänglichkeiten, im vollen Bewusstsein der Abgegriffenheit der Begriffe, im vollen Bewusstsein der historischen Überholtheit und des Epigonentums rufe ich schallend: Es lebe die Kunst!

In den nächsten Wochen und Monaten plane ich folgende Kunstäußerungen:

1. *Der gemeinsame, gleichzeitige und restlose Abflug aller Hausschwalben des FH`s.*

2. *Das allmähliche oder überraschende Vereisen des Friedrichshofer Badesees.*

3. *(Im Frühjahr 1989) Das Zurverfügungstellen dreier Kokons als Bienenkörbe. Nestbau von 3 Bienenvölkern in den Kokons, hiernach Vertreibung der Bienen und schnellster Abtransport der Kokons in eine Kunstsammlung.*

Sollte ein Leser dieses Manifestes ein wie auch immer emotional geladenes "Jetzt ist er völlig übergeschnappt" oder Sinnverwandtes äußern oder auch nur denken, so hat er recht; er disqualifiziert sich als ernstzunehmender Gesprächspartner. Es gibt aber noch eine Chance: Er soll das Manifest noch einmal, in Ruhe, alleine lesen.

Bei einem weiteren Aufenthalt auf El Cabrito 1989 plant und baut Rudolfson in Mühls Auftrag und in Zusammenarbeit mit zwei weiteren Kommunarden ein provisorisches Kinderhaus als begehbare Skulptur. Ein Fußboden in ca. 20 cm Abstand vom Erdboden beugt dem Eindringen von Feuchtigkeit und Insekten vor. Das Tragwerk ist gleichzeitig Inneneinrichtung und besteht aus bogenförmigen Elementen aus zusammengebundenen Schilfrohren. Das Ganze wird außen und innen bespannt mit in Acrylharz getränkten Nesselbahnen. Das so entstandene „Mädchenhaus" mit ca. 15 Metern Länge und 6 Metern Breite wird bald von einem zweiten, noch größeren und verbesserten gefolgt: das „Jungenhaus".

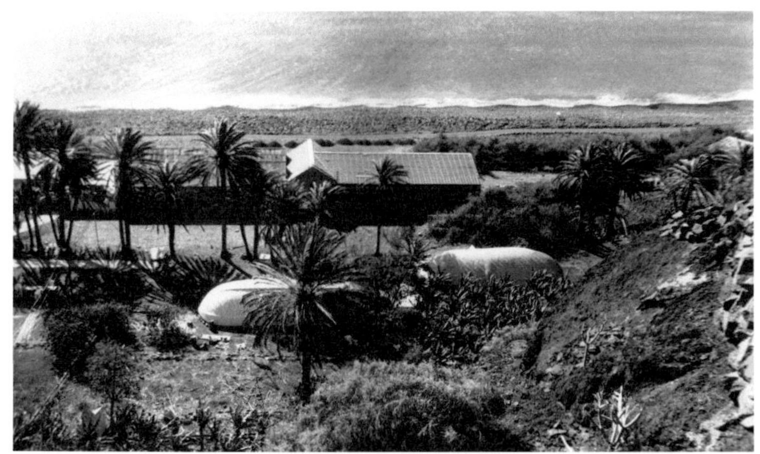

Die zwei Kinderhäuser von Rudolfson auf El Cabrito (hell im mittleren Bereich), 1989.
Courtesy Wolf Rudolfson © 2016.

Die einfachen Konstruktionen sind nicht nur erstaunlich fest und funktionell, sondern auch ästhetisch äußerst reizvoll. Deren Formen erinnern an die am Friedrichshof gefertigten Skulpturen von Rudolfson. Abends, von innen beleuchtet, sehen die beiden Häuser wie zwei strahlende Ufos aus, die in der Plantage gelandet sind. Zwei weitere kleinere Häuser werden angefangen, jedoch nie fertig gestellt, darunter eines im schwer zugänglichen Gelände direkt oberhalb der „bauerschen" Ziegenhöhlen, als Privathaus vorgesehen![161]

Mit dieser Architekturleistung, die auch Mühl würdigt, erwirbt sich Rudolfson bei allem Misstrauen, das ihm aufgrund seines Außenseitertums seitens der Kommunarden entgegengebracht wird, einen gewissen Respekt. Vielleicht gerade deswegen werden die Hausskulpturen wenig später dann doch abgerissen. Auch hier dient als Grund ein Vorwand: sie seien unbrauchbar und es soll außerdem an dieser Stelle ein Skulpturenpark entstehen - was jedoch niemals geschehen wird.

Schließlich wird die Situation für Rudolfson immer unerträglicher und verzweifelter: *keine Förderung der eigenen Künstler, OM hat keine Schüler, er hat nur Gefolgsleute, die seine Spuren austreten.* schreibt er am 23.04.1989 in seinem Tagebuch. Und weiter: *Niemand hat mein Vertrauen, diese Einsamkeit im Denken tötet. Keine*

---

[161] Hier muss erwähnt werden, dass ein anderer Kommunarde, der sich mittlerweile als Landschaftsmaler in der Schweiz einen Namen gemacht hat, zur selben Zeit auf einer der vielen Terrassen in El Cabrito ein schönes Tee-Haus aus Schilfrohren und Papier aus eigener Initiative errichtet hat.

Resonanz, kein Funke von Interesse der restlichen 350 Leute an meiner Arbeit[162]*,
nur Hohn, Mitleid, Überheblichkeit für den Spinner. Keine Chance für mich, keine
Chance für all die heimlichen Künstler. [...] Was soll das ganze Getue, die PR, die
vielen Kataloge, wo bleibt der Rudolfson? Wo bleibt der Dieter* (siehe nächster
Abschnitt), *Schreibverbot? Was soll der Artikel von Theo* (gemeint ist das *atelier del
sur-* Konzept (A.d.V.)), *wo sind die Utopischen Möglichkeiten?*

DIETER

Dieter Reichert (28.04.1951 – 29.03.2005). Magister in Philosophie und Germanistik
(Universitäten Mannheim und Heidelberg). Erste Dichtungsversuche in der Frühpu-
bertät[163].

Auch Dieter Reichert ist auf Distanz zu Otto gegangen. Dabei war er ihm seit Jahren
relativ nahe. Über Monate hinweg hat er mit ihm am *JOE CARNER'S LEXIKON*[164]
gearbeitet, an den Formulierungen gefeilt und das Ganze systematisch auf Papier
gebracht. Otto hat ihn immer schon als brillanten und vitalen Intellektuellen geschätzt. Auch ist er bekannt für seine originellen Selbstdarstellungen. Er hält Vorträge für den Kommunen-Radiosender und schreibt genuine Gedichte. Dafür bewundert
ihn Otto sogar ein wenig.

Neben Gedichten schreibt Reichert an verschiedenen Tagebüchern: an einem
„normalen" *tagebuch,* einem *biographischen tagebuch,* einem *ästhetischen tagebuch,* einem *tagebuch epiphan,* einem *tagebuch banal-filosofisch,* an *confessionen*
und *ästhetischen überlegungen.* Aus all den Tagebüchern erwächst Anfang 1989 die
Idee eines *tagebuchromans: „tagebuch banal / die aufzeichnungen des hubert r.".*
Auch andere Roman-Ideen werden in den unzähligen Schriftseiten seines Nachlas-
ses erwähnt, ohne dass ein solches Werk je fertig geschrieben würde. Und doch sind
die Schriften Dieter Reicherts zum großen Teil hoch interessant, stets äußerst
geistreich, im Ton humorvoll bis verzweifelt. Stets auffallend ist sein hoher Bildungs-
grad. Die vielen Gedichte bilden einen unentdeckten Schatz ungewöhnlicher Lyrik.

---

[162] Erst ca. 15 Jahre später erfuhr er vom damaligen Interesse des Vs. an seiner Kunst.
[163] Quelle: „biographisches" 30.01.1988 aus dem Nachlass des Dichters.
[164] S. oben S. 62.

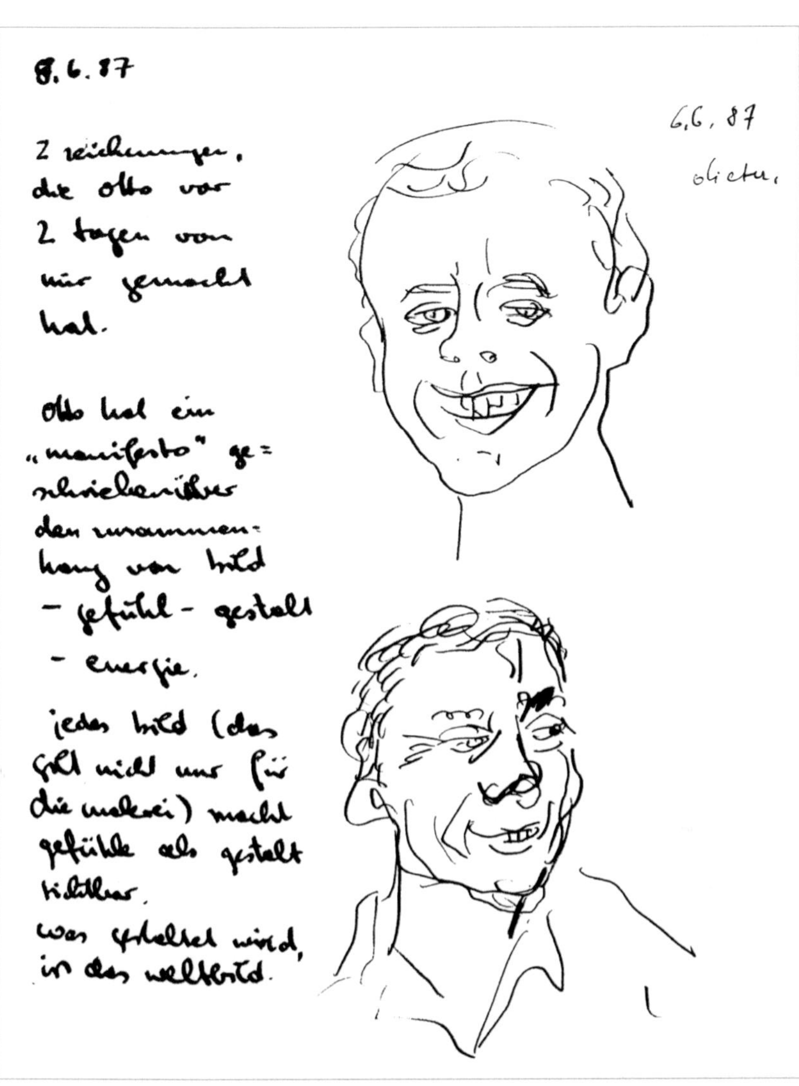

Dieter Reicherts Tagebuchseite mit zwei Porträts von ihm (in Kopie und verkleinert) von Mühl am 6 Juni 1987 gezeichnet.
Courtesy Nachlass Dieter Reichert © 2016.

Dieter Reichert, Gedichte vom 4 Dezember 1988

wege wage wäge wiege

magersucht des grimmen ehrgeizes

tränenworte bröseln

wanne wimmern wecken wälzen

flankenblicke ohne einerlei

hüftschwenk ennerviert

wahn welch wach wahn

****

nachtwach lag ich neben dir

deren rollen hierhin und dort

mir träume verriet und deinen schlaf

ich lag geistklar in zukünften

und sorge engte mein blut

schwarz quoll die der feigheit

****

nachtwach

klarschlaf

sargblatt

nacktbahn

farngar

Courtesy Nachlass Dieter Reichert © 2016.

Die Distanzierung von Mühl erfolgt allmählich über mehrere Jahre. Ein möglicher Beginn zeichnet sich bereits 1985 ab, als Reichert auf Opposition zur *schmalspur-lorenz-interpretation* wie er es nennt[165] von Claudia Mühl geht.

Der Ton der Einträge in Reicherts Tagebüchern verändert sich graduell zwischen 1987 und 1989. Werden zu Beginn einige leichte Zweifel z.B. an der Zweckmäßigkeit

---

[165] In einem Brief an die Gruppenmitglieder v. 8.07.1990, die Reichert nach seinem Auszug aus der Kommune schrieb aber doch nicht schickte. Weiter schreibt er in diesem Brief: *ich habe - ich glaube 1985 - wittgenstein gegen diese sozialdarwinistische interpretation ausgespielt. aber Claudia mühl setzte sich durch.*

der Struktur geäußert, so sind es am Ende harsch-kritische Töne zum gesamten Handeln Mühls sowie zur Gesamtentwicklung der Kommune.

Von Anfang an wird dieser Sinneswandel von einem immer stärker werdenden künstlerischen Drang begleitet.

In El Cabrito am 12. Februar 1988 angekommen, sucht Dieter schnell die Nähe des anderen Künstlerdissidenten Otmar Bauer und installiert wenig später sein Not-schreibpult nahe der Cabezada[166]. Im („normalen") *tagebuch am 24.03.1988* schreibt er: *ich habe jetzt eine „freiluftschreibstube", ein etwas abgelegener barranco; erhöht mit überblick über weite teile el capritos* [sic]. *im felsen eine große und eine kleine höhle, die bei regen ebenfalls als schreibstube dienen können. otmar hat den platz entdeckt und will ihn zu einem atelier ausbauen, den boden einebnen und ein kleines steinhäuschen herrichten. […] hier ist es gut sein.* Doch mit dem *gut sein* ist es bald vorbei. Schwärmt Dieter am 23.04.1988 noch: *ich habe mehr zeit für kunst als die ganzen letzten 12 jahre. […] dafür bin ich zum vorübergehenden höhlenbewohner geworden, eine sehenswürdigkeit. und die romantik der gegebenheiten. archaischer geht's kaum. ist wirklich zum kaputtlachen.* So heißt es am 1.05.1988 bereits: *aus der höhle vertrieben, wieder ohne arbeitsplatz!* Otto hat kurz nach Otmars Rückkehr nach Österreich die Reißleine gezogen und die Nutzung der Cabezada-Höhlen als alternative Kunst-Produktionsstätte schlichtweg verboten. Dieters Entscheidung für die Kunst aber ist endgültig:

was ich mit mir geschehen ließ

wozu ich alles schwieg

und immer noch schweige

und mich tröste mit der allgemeinen unnennbaren ungeheuerlichkeit dieses allgemein gegenwärtigen lebens

und wie ich zur kunst fand und wie das klingt wie ich zur kunst fand und das ich dichter bin für den rest meines lebens und wie das klingt für den rest den rest meines lebens. Heißt es am 2.10.1988 im *tagebuch banal.* Und weiter am 8.11. desselben Jahres dieses Mal im („normalen") Tagebuch: *meine entscheidung für die kunst*

---

[166] S. oben S. 6.

erfolgte spät. Ich bin inzwischen 37 [...] die entscheidung ist gefällt. Die konsequen-
zen folgen automatisch.

Die Beziehung zu Rudolfson wächst nach und nach. Beide sind Lehrer an der Friedrichshofer Schule, beide trinken gerne mal ein Gläschchen Wein. Freundschaft existiert in der Kommune genauso wenig wie Liebe. Statt Freundschaften und Beziehungen gibt es die alles bestimmende Struktur. Doch nach Wochen der gegenseitigen Beobachtung kommt es zu einer ersten vorsichtigen Annäherung um ein Glas Wein. Auch dies ist nicht vorgesehen. Wein wird nur am SD Abend[167] oder später in Ottos kleinem Atelier getrunken. Doch ein als Helfer in der Küche beschäftigter Kommunarde, mit dem eine Komplizenschaft langsam entstanden ist, besorgt Rudolfson durch eine List jeden Tag einen Liter Wein. Das gemeinsame Überschreiten des Alkoholverbots[168] kommt einer Blutsbrüderschaft gleich. Von da an kommt es zu einer offenen Freundschaft, im Rahmen derer alles gesagt werden kann, ohne dass der andere fürchten muss, dass Otto über welchen Kanal auch immer davon erfährt. Die Beziehung beflügelt beide Akteure unheimlich. Unbemerkt heben sie zwei Fahrräder über den Zaun[169] und fahren ins ca. 10 Kilometer entfernte Parndorf, um sich zwei Doppler[170] zu besorgen. Unterwegs stoßen sie Befreiungsschreie aus.

Reichert organisiert am Friedrichshof in Sommer 1988 eine Lesung in seinem Zimmer[171]. Vor begrenztem Publikum (5-6 Personen) liest er seine Gedichte. Zu der konspirativen Veranstaltung kommen auch Rudolfson und Gottfried Wanner[172], der einige seiner literarischen Arbeiten ebenfalls vorstellt.

---

[167] Zu Beginn eines jeden SD-Abends bekommt jeder Kommunarde zur Auflockerung einen mit burgenländischem Wein gefüllten Plastikbecher.

[168] Hier handelt es sich um ein ungeschriebenes, sogar unausgesprochenes Gesetz / stillschweigendes Übereinkommen der Gruppe.

[169] Der Friedrichshof ist umgeben von einer Mitte der 80er Jahre teils als Mauer, teils als Zaun ausgeführten Einfriedung.

[170] Burgenländische Zwei-Liter Weinflasche.

[171] Zwar besitzen Männer in der Regel kein Zimmer, doch als Lehrer darf Reichert eins haben, in dem er seinen Unterricht vorbereiten kann.

[172] S. oben S. 59.

Zwei Gedichte von Gottfried Wanner:

geburt eines kindes (11.Februar 1986)

die geburt eines kindes
führt zur eintragung
bzw. änderung
der entsprechenden kinderzahl
auf der lohnsteuerkarte

der heuland (1986)

fast heunt heulnd
fast heunt heulnd
fast but not quickly !

most nuang heuln ?
most muang heuln ?
most but not mucher !

dust nimmat heuln
dust nimmat heuln
dust but not smoke !

(Courtesy Nachlass Gottfried Wanner © 2016)

Die beiden Gedichte machen deutlich, wie auch Wanner sich damals vom Gedankengut der Kommune bereits entfernt hatte. Sie sind sowohl thematisch als auch formal jenseits jeder Kommune-Konvention.

Mit Wanner, der zu dieser Zeit in Berlin „zu Hause" ist, unterhält Reichert ab Anfang 1989 eine sporadische Briefkorrespondenz. Später, als er sich selbst in einer Stadtgruppe - in Düsseldorf – aufhält, korrespondiert er ebenso mit Rudolfson. Dieser schickt ihm Entwürfe seiner Kokon-Skulpturen, die Reichert als Antwort kommentiert. Auch schreibt er über seine Zweierbeziehung, informiert seinen Freund über seine letzten Roman-Ideen. Diese Art der Kommunikation unter Kommunarden ist *de facto* tabu.

Es kommt, wie es kommen muss. Empört sich Reichert noch Mitte 1988 über die von „Ausgezogenen" ausgelöste „Pressehetze" gegen Mühl und die Kommune (er nennt sie *kaputte, vatermörderische, sexuell schwer gestörte menschen*)[173], so hat er ein Jahr später endgültig die Seite gewechselt. Am 3.05.1989 wiederum in El Cabrito schreibt er in seinem *tagebuch banal*: *unsere form des kollektivismus und der kontrolle ist nur psychopathologisch verständlich. die panik vor jeder form von individualismus reflektiert die herrschende unfreiheit, das vermutete maß an nicht-übereinstimmung.*

Es folgen gemeinsam mit Rudolfson verfasste Briefe an Otto, in denen konkrete Vorschläge zur Verbesserung des Gruppenlebens gemacht werden. Unter dem Druck der immer stärker werdenden Isolierung, die Mühl ab dann gegenüber Reichert betreibt, heißt es am 4.05.1989 in einem offenen Brief an Otto: *Ich vermute: du leidest unter einer schweren beziehungsparanoia.* Dem vorausgegangen ist eine öffentliche Rüge von Mühl wegen seiner inzwischen sichtbar gewordenen freundschaftlichen Beziehung zu Rudolfson. Das Zerwürfnis wird so tief, dass wenig später Reichert und Rudolfson von Mühl persönlich von der Struktur ausgeschlossen werden. Was einerseits eine Aussperrung aus der Gemeinschaft bedeutet, erweist sich bald für die Betroffenen als Befreiung: Ab diesem Zeitpunkt sind sie „unantastbar".

 Als Rudolfson am 9.11.1989, dem Tag des Falles der Berliner Mauer, mit seiner Geliebten und deren Kindern die Kommune endgültig verläßt, steht auch für Reichert fest, dass *bleiben unmöglich ist [...]. Ich bin heruntergekommen in den letzten jahren und künstlerisch hinauf – wenn auch nur auf mäßige höhe. gemessen an mir selbst habe ich genug zu tun – mehr als genug, solange ich kann.*[174]

Kurz darauf verlässt auch Dieter endgültig die Kommune.

---

[173] Quelle: Dieter Reichert, Tagebuch 6.06.1988.
[174] Aus einem der letzten Tagebuch-Einträgen zur Kommune-Zeiten im *tb – b* (*tagebuch banal* A.d.V.), 7.11.1989.

5 SELBSTINTERVIEW ZUM PERSÖNLICHEN KÜNSTLERISCHEN WEG IN DER KOMMUNE

Wann und wie hat das Abenteuer Kommune für dich angefangen?

Es war im Sommer 1977. Wir lebten zu elft in einem viel zu kleinen Häuschen im französischen La Montagne, einer Gemeinde mit knapp 100 Einwohnern hoch in den Bergen in den Vogesen. Einige hatten kleine Jobs. Wir hatten einen großen Garten. Eines Tages kam ein Bekannter vorbei, der an einem „Marathon"[175] in der AAO in Genf teilgenommen hatte. Er berichtete begeistert von seiner Erfahrung und übergab uns ein Buch: „ Le modèle AA" („das AA-MODELL"). Darin konnte man in allen Details nachlesen, wie eine funktionierende Gruppe organisiert sein soll und wie man sein Leben radikal verändern kann. Ich las das Buch noch in derselben Nacht in einem Zug durch und fragte am nächsten morgen meine Mitbewohner, ob sie bereit wären, den radikalen Schritt hin zu einer Aktionsanalytischen Gruppe zu machen. Alle waren einverstanden. Also wurden noch am selben Tag die Haare kurz geschoren, egal ob Frau oder Mann. Das wenige Geld, das wir besaßen, und überhaupt alles, ja sogar die Kleidung wurde zusammengeführt. Alle an die „Kleinfamilie" erinnernden Gegenstände wurden entsorgt, der Alltag wurde für alle durchorganisiert. Im Haus wimmelte es wie in einem Bienenstock. Wir wurden von einer ungeheuerlichen Befreiungsenergie erfasst. Einige Monate später fand der erste Kontakt zu einer AA Gruppe in Genf statt. Dort wurde uns nahe gelegt, uns einer größeren WG aus Lyon mit ca. 30 Leuten anzugliedern. Wenige Wochen später zogen wir zusammen in ein großes altes Haus am Rande der süd- französischen Großstadt. Von nun an waren wir offiziell Teil der Mühl-Kommune. Die Stimmung war riesig! Eine erste Reise ins Burgenland war dann überfällig.

Wie war deine erste Begegnung mit Otto Mühl?

Das erste Mal, als ich Otto begegnete, allerdings noch ohne in persönlichen Kontakt mit ihm zu treten, war im Frühjahr 1978 in einer französischen Landkommune in Lothringen. Es gab damals mehrere kleine französische Kommunen, die gerade dabei waren, sich der AAO anzuschließen. Otto machte dort, in Begleitung von

---

[175] Name für ein Wochenende in einer AA-Gruppe, bei dem intensiv SD und Aktionsanalyse in Erfahrung gebracht wird.

einigen Mitgliedern der damaligen Führungsriege, eine Werbe-Tour. Er war wie ein Star, leitete eine SD-Veranstaltung, in der vor allem seine Begleiter aus Friedrichshof sehr eindrucksvoll auftraten.

Einige Monate später fuhr ich dann mit drei anderen Franzosen in einem alten VW-Bus nach Österreich. Ich kann mich noch genau erinnern, wie die Spannung nach 1200 Kilometern anstrengender Fahrt auf den letzten Kilometern auf dem staubigen Feldweg hinter Parndorf kurz vor der kleinen Friedrichshofer Siedlung mitten in den riesigen Feldern der Parndorfer Heide ins Unermessliche stieg.

Wie war dort der Empfang?

Wir wurden extrem warmherzig empfangen! So etwas hatte ich noch nie erlebt. Kaum angekommen, wurden wir von einer jungen Frau einer nach dem anderen innig umarmt und sofort zu Otto geführt. Er saß an seiner Schreibmaschine in seinem Atelier. Er stand sofort auf, begrüßte und umarmte uns aufs Herzlichste. Von seinem wienerischen Dialekt verstanden wir allerdings kaum etwas. Einer Fremdsprache, in der wir uns verständigen konnten, war Otto nicht mächtig. Daran mussten wir uns gewöhnen.

Welchen Stand hatte damals die Kunst am Friedrichshof?

Alle redeten darüber. Es lag daran, wie wir erfuhren, dass Otto erst vor kurzem wieder angefangen hatte, regelmäßig zu malen. Er versuchte damals seine Bilder nach der Methode Cézannes aufzubauen, die Farben so auf der Fläche zu verteilen, dass der Raum nicht durch Perspektive, sondern durch das Zusammenspiel der Farben entsteht. Auf diese Technik hat er auch später immer wieder zurückgegriffen.

Von diesem neuen Klima sollten alle profitieren. Für Gäste wie uns gab es damals neben den kollektiven SD-Kursen und den Einzelanalysen bei einer/m der Ersten der „Struktur" auch Zeichen- und Aquarellkurse. Aubrey (Name verändert), eine Amerikanerin, die Kunst studiert hatte, brachte uns bei, den menschlichen Körper und insbesondere den Kopf in Proportionen und Volumen darzustellen. Dazu verwandten wir Zylinder und Quader. Es kam mir sehr leicht vor, mit diesen einfachen Mitteln eine ordentliche Zeichnung hinzubekommen. Bei Emma (Name verändert) ging es eher darum, eine Landschaft bzw. ein Gebäude räumlich aufzubauen und Aquarellfarben so zu setzen, dass Raum entsteht.

Solche Übungen habe ich nach meiner Rückkehr in meine Gruppe in Lyon solange wiederholt, bis ich in der Lage war, auch ohne Hilfe von Zylindern und Quadern einen menschlichen Körper bzw. ein Porträt räumlich darzustellen.

Was bedeutete für dich diese künstlerische Praxis damals?

Für mich war die bildende Kunst eine Entdeckung. Zwar hatte ich mich schon früher dafür interessiert und mich für Picassos Malerei begeistert, als ich sie in einer großen Schau des alternden Malers 1970 in Avignon entdeckte. Auch hatte ich im Modellieren und Zeichnen Versuche unternommen, doch mein künstlerisches Tätigkeitsgebiet war seit Kindesbeinen die Musik. Hinzu kam, dass die zeitgenössische Kunst von vielen aus meiner – in der Regel sehr links orientierten – Generation wegen ihrer Nähe zum Establishment und zum Kapital mit großem Misstrauen beäugt wurde. Man orientierte sich eher an der Entwicklung der Rock- und Popmusik. Nur Andy Warhol hatte es geschafft in New York mit seiner *Factory*, die Kluft zwischen Popkultur und bildender Kunst zu schließen. In Europa war es Otto Mühl, der die Kunst von ihrem Sockel herunterholte und für jeden zugänglich machen wollte. Was die Schule über Jahre nicht vermochte, nämlich mich für das Zeichnen und Malen zu begeistern, schaffte die Kommune auf Anhieb.

Ich fand in der bildenden Kunst eine Möglichkeit, mich adäquat zu artikulieren, und ich war fasziniert von den unendlichen Möglichkeiten und der Freiheit, die ihr innewohnen.

Erzähl bitte von deiner Begegnung mit der Kunst des Josef Beuys

Es war 1979. Ein Mitkommunarde aus den Niederlanden hatte einen Katalog von Beuys mitgebracht. Ich kannte ihn nicht. Es war eine Offenbarung: Aus dieser hoch emotionalen Kunst ohne die klassischen Mittel ging eine enorme Freiheit hervor.

Als mich drei Jahre später Theo Altenberg anrief, um mir anzubieten, für das Beuys-Projekt *7000 Eichen* als Baumbotschafter zu arbeiten, sagte ich spontan zu. Ab diesem Zeitpunkt fühlte ich mich Altenberg gegenüber sehr verbunden. Mit zwei Baumzertifikaten gerüstet, die mit Original-Stempeln und u.a. einer Original-Beuys-Unterschrift versehen waren und mir als offizielle Berechtigungsdokumente dienten, organisierte ich diverse Kunst-Aktivitäten wie z.B. eine Ausstellung mit Originalfotos der Beuysschen Aktion in Kassel, die im „Nouveau Musée" von Lyon / Villeurbanne stattfand, das damals wichtigste Museum für zeitgenössische Kunst im Großraum Lyon. Die Gäste und Besucher konnten per Live-Schaltung mit Beuys reden. Sie wurden gebeten, für die Aktion zu spenden, doch dazu kam es nur selten, da Beuys damals in Frankreich sehr wenig bekannt und noch weniger geschätzt war. Außerdem war die Aktion *7000 Eichen* für damalige Verhältnisse doch sehr ungewöhnlich.

Für mich war dies die Gelegenheit, mich eingehend und intensiv mit dem Beuysschen Werk und Kunstbegriff auseinanderzusetzen. Die Einführung von Dimensionen wie Soziales, Zeit, Politik, Wachstum und Ökologie in die Kunst beeindruckte mich nachhaltig. Die damit verbundenen Erkenntnisse erwiesen sich später als entscheidend für meine Künstlerlaufbahn und prägen bis heute unter anderem mein Kunstverständnis. Auch hatte ich ab diesem Zeitpunkt stets im Sinn, dass es außerhalb der Kommune andere bedeutsame Kunstauffassungen gab, die es nicht verdient hatten, von uns ignoriert und verachtet zu werden.

Wie ging es dann weiter für dich mit der Kunst?

Ich zeichnete und malte fleißig und merkte bald, dass ich darin immer besser wurde. Gerne hätte ich meine Bilder aufbewahrt. Die in Tagebüchern gemalten Bilder konnte ich zwar sammeln, doch die Acrylbilder waren größer und ich verfügte über keinen Platz, um sie zu lagern. Außerdem war dies nicht vorgesehen. Das Entsorgen aller Kunstprodukte eines jeden Kommunarden unmittelbar nach Fertigstellung bzw. Beurteilung durch den Gruppenleiter war Teil der vielen ungeschriebenen Gesetze der Gruppe.

Du hast die Gruppe einige Male gewechselt; konntest du trotzdem weiter regelmäßig zeichnen und malen?

Ja, das war möglich. Trotz der vielen verschiedenen Jobs in verschiedenen Firmen, Städten und Gruppen (von Lyon über Amsterdam, Friedrichshof, El Cabrito, München) habe ich mich über die Jahre an eine regelmäßige und intensive Beschäftigung mit Zeichnung und Malerei gehalten auch außerhalb der rituellen Abendveranstaltungen und der offiziellen Malkurse.

Wie kam es zu den Begegnungen mit großen Künstlern, die am Friedrichshof eingeladen waren?

Aus bestimmten internen Gründen, auf die ich hier nicht weiter eingehen möchte, waren mir in den Jahren 1985 und '86 häufige Aufenthalte am Friedrichshof gestattet. Alle vierzehn Tage durfte ich von Amsterdam nach Wien fliegen. Man holte mich sogar vom Flughafen ab. Da ich am Kommunen-Hauptsitz außer Malen und Sex keiner Beschäftigung nachzugehen hatte, konnte ich immer dort zugegen sein, wo interessante Dinge passierten. Auch war mir erlaubt, mich in Ottos Nähe aufzuhalten. So bekam ich z.B. die Gelegenheit, beim Filmdreh mit Nam June Paik in der Rolle des Anton Weberns dabei zu sein ebenso wie bei seiner kleinen Musikaufführung im kleinen Kreis im „großen Atelier". Auch A.R. Pencks Malaktion im Castello durfte ich beiwohnen[176]. Viele andere Künstler, die den Friedrichshof besuchten, konnte ich in dieser Zeit ebenfalls antreffen wie z.B. Dieter Roth, Gotthard Graubner, Philipp Corner und einige mehr. Zu einer persönlichen Begegnung kam es jedoch nicht, geschweige denn zu einem Austausch. Und doch übten diese großen Künstler auf mich einen bleibenden, inspirierenden Eindruck aus, der mich später in meiner Entscheidung, mich der Kunst zu widmen, sehr bestärkt hat. In dieser Zeit assistierte ich auch zum wiederholten Male bei Ottos Bilderserie „Unfälle im Haushalt"[177].

Du warst doch auch Musiker. Wie verhielt es sich für dich mit der Musik im Kollektiv?

Die Musik spielte eine große Rolle über die gesamte Dauer meines Aufenthaltes in der Kommune. Da ich einer der wenigen Klavierspieler war, kam mir automatisch die Rolle zu, bei den SD-Abenden die Klavierbegleitung der Darstellungen zu übernehmen. Auch wenn am Friedrichshof die Konkurrenz unter den Pianisten etwas größer war, saß ich auch dort oft am Flügel, wenn ich zu Besuch war. Neben meiner klassischen, nicht abgeschlossenen Klavierausbildung hatte ich mir einige Blues und Jazz-Stücke beigebracht. Dies kam mir zunächst zugute. Doch musste ich noch lernen, spontan und sehr oft während der Begleitung einer Darstellung die Stimmung zu wechseln. Dazu musste ich zum einen mein Repertoire erweitern und zum anderen lernen zu improvisieren. Über die Jahre konnte ich mir so bei allen Einschränkungen, die Mühl durchsetzte, eine beachtliche Routine im „Spontan-Musizieren" vor Publikum aneignen.

---

[176] S. oben S. 75.
[177] S. oben S. 100.

Wann warst du zum ersten Mal in El Cabrito?

Das war im Januar 1987. Bevor es zu einer Kaufentscheidung kam, musste Otto die Liegenschaft selbst in Augenschein nehmen. Er reiste mit einer Gruppe von ca.15 Personen[178], zu denen auch ich mich zählen durfte, nach La Gomera. Otto hatte seit mehreren Monaten nicht mehr gemalt. Nun, auf den ruhigen Höhen von San Sebastian, wo wir in verschiedenen gemieteten Häusern wohnten und ohne die große Kommune im Rücken, schien sich die Zeit auszudehnen. Was lag näher als sich mit einem Brett, ein wenig Papier, Stift und Aquarell-Farben auf eine Terrassenmauer zu setzen und sich von der überwältigenden Landschaft buchstäblich ein Bild zu machen? Otto malte wieder! Es war eine kleine Sensation in den Kommune-Kreisen! In dieser kleinen Runde war Otto relativ entspannt und weniger gebieterisch als sonst. Es herrschte eine Lernstimmung vergleichbar mit der im Kreis einer Sommerakademie, von der auch ich sehr profitierte.

Zurück in Österreich organisierte Mühl dann diese Malausflüge[179]. Warst du auch dabei?

Ja. Ich hielt mich 1987 während der Sommermonate am Friedrichshof auf, da meine Berufstätigkeit in einer Stadtgruppe beendet war. Ich war bei mindestens 5 oder 6 dieser Veranstaltungen dabei. Es war jedes Mal ein besonderes Erlebnis, alles andere als alltäglich selbst für Kommunenverhältnisse!

Anschließend flog ich wieder nach La Gomera. Dort blieb ich von September 1987 bis Juli 1988 in El Cabrito, wo ich für Aufgaben in verschiedenen Bereichen des Wiederaufbaus der Finca eingeteilt wurde.

Wie war es dort um die Kunst gedient?

Die unglaublich anregende Landschaft, das intensive Licht und nicht zuletzt die relative Freiheit auf dem großen, unübersichtlichen Gelände weit weg von der Zentrale der Macht führten mich dazu, immer mehr abseits der offiziellen Wege künstlerisch zu experimentieren. Das Ergebnis war das Gefühl einer unglaublichen Befreiung, ähnlich wie damals beim Übergang vom Kleinfamilien- ins Gruppenleben, das mich nicht mehr losließ.

---

[178] S. oben S. 39.
[179] S. oben S. 33.

Als Ende 1987 der erste große Tross vom Friedrichshof in die nun rehabilitierte Finca eintraf, wurde das Terrain etwas unsicherer. Umso mehr freute ich mich darüber, dass zunächst Otmar und dann Dieter mit von der Partie waren. Als beide dann die Ziegenhöhlen für sich in Anspruch nahmen, schloss ich mich ihnen bald an. Von dort aus, auf der „Cabezada", mit bester Sicht auf die unten gelegene, offizielle Malterrasse, malte ich expressive Bilder, die sich deutlich vom aktuell praktizierten Stil unterschieden und meinen psychischen Zustand reflektierten. Einerseits fühlte ich mich voll künstlerischem Drang, andererseits plagten mich Schuldgefühle und Ängste.

Dachtest du damals daran, die Kommune zu verlassen?

Noch nicht. Und doch konnte es in letzter Konsequenz nicht anders enden. Jedenfalls ging ich von nun an eigene künstlerische Wege. Allerdings verhielt ich mich zum eigenen Schutz und zum Schutz meiner Kinder[180] nicht so demonstrativ und offen oppositionell wie die vier „Künstler-Rebellen". Bei dem allabendlichen Zeichenkurs zeichnete ich weiterhin konform und warf am Ende meine Zeichnungen weg wie alle anderen auch.

Wie war dein Verhältnis zu den anderen Künstler-Kommunarden und insbesondere zu Rudolfson?

Es gab in der Kommune keine Freundschaften, sondern höchstens Sympathien. Wir hatten eine Kultur der Konkurrenz entwickelt und etabliert, die Liebe und Freundschaft verbannte. Wir befanden uns im ständigen Kampf um den Strukturplatz. Insofern konnte man auch Künstler-Kollegen nicht wirklich näher kommen, es sei denn man übertrat die Regel, wie es z.B. Rudolfson und Reichert bewusst taten.

Natürlich nahm ich wahr, was die anderen Künstler-Kollegen machten. Es gab interessante Ansätze wie z.B. von Heiner Hummel (Pseudonym) mit seinen Stuhlobjekten. Er war Tischler und hatte damit angefangen, Sitzmöbel als Kunstobjekte zu interpretieren, denen immer mehr die reine Funktion zu entziehen. Mühl reagierte gefasst. Er fand das sogar interessant. Es war etwas, was mit seiner Kunst nicht direkt kollidierte. Andere Versuche, sich z.B. in Bereichen wie Film und Theater individuell zu artikulieren, wurden von Mühl einfach brutal „weggedrückt". Wiebcke (Name verändert) z.B. zog es vor, nach einer solchen Auseinandersetzung wegen

---

[180] Der V. war 1977 mit Ehefrau und zwei Kindern in die Kommune eingezogen.

eines Aktions-Filmversuch die Kommune zu verlassen, wobei andere Gründe auch eine Rolle spielten. Es war bereits Ende 1985.

Die Begegnung mit Rudolfsons Objekten auf El Cabrito und später mit seinen Kokon-Skulpturen am Friedrichshof war für mich sehr überzeugend und stärkte meinen Entschluss, mich hauptsächlich der Kunst zu widmen. Zu einer persönlichen Annäherung kam es jedoch erst nach Auflösung der Kommune.

Wie ging es nach deiner Zeit in El Cabrito für dich weiter?

Es kam ein Wechsel in die Münchner Stadtgruppe. Auch wenn ich die Leute und die überall gleichen Kommuneregeln natürlich kannte, so war doch jeder Gruppenwechsel eine große Veränderung. Nicht nur die Stadt und das Haus verlangten eine neue Orientierung, auch hatte jede Gruppe ihre eigenen Gewohnheiten und ihr eigenes Beziehungsgeflecht. Nicht zuletzt war auch der Job in der eigenen Versicherungsvermittlungsfirma für mich Neuland. Ein Vorteil gegenüber Friedrichshof war, dass trotz räumlicher Enge in den Stadtgruppen allgemein weniger Überwachung und Entfremdung herrschten. Endlich hatte ich die Möglichkeit, meine Bilder und Objekte zu sammeln auch die Zeichnungen aus dem Zeichenkurs.

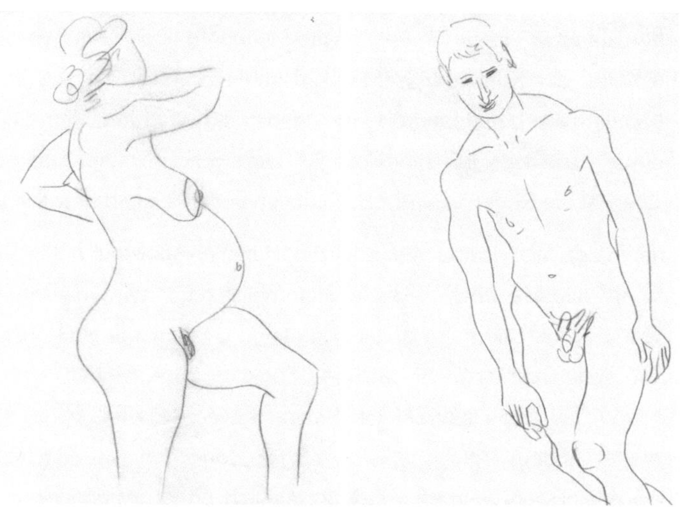

Beispiele für Akt-Zeichen, Bleistift auf Packpapier, B. Tremsal, 1988.
© VG Bild-Kunst Bonn 2016

Ich fing an, mit unterschiedlichen, kommunefremden Techniken zu arbeiten und es entstanden kleine und größere Bildobjekte. Meine Produktion nahm stetig zu, und man ließ mich auch immer mehr gewähren zumal da sich bereits die ersten Gruppen-Auflösungserscheinungen zeigten.

Dann kam der letzte Versuch von Theo Altenberg, die Kunst der Kommunarden aufzuwerten. Mühl war inzwischen von allen Verantwortungen und Machtpositionen abgesetzt?

Ja. Am Friedrichshof hatte inzwischen eine kleine Revolution statt gefunden. Im Sommer 1990 gab es eine Mitglieder-Ausstellung. Für die Ausstellung baute ich ein großformatiges Bildobjekt: Eine Landschaft aus Plastiktüten, die mit Farben befüllt und in Reihen auf einer Platte aufgehängt waren. Einige Tüten waren mit klarem Wasser befüllt und darin befand sich jeweils eine Spielzeugkuh aus Kunststoff. Ich nannte die Arbeit „Zeitgenössische Landschaft“.

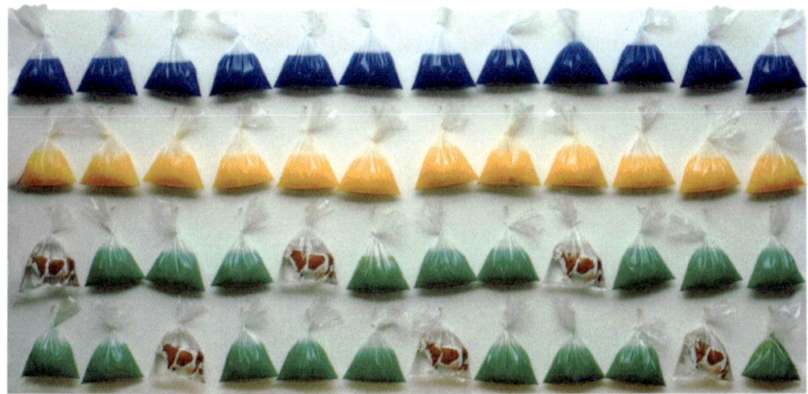

B. Tremsal, *Zeitgenössische Landschaft*, 1990, 95 x 195 x 10 cm.
© VG Bild-Kunst Bonn 2016

Mühl zeigte sich bei seinem Besuch in Begleitung von Harald Szeemann[181] beeindruckt: „Der Benoit hat den Vogel abgeschossen“. Leider verschwand diese Arbeit einige Monate nach der Ausstellung spurlos in den Wirren der Kommuneauflösung.

---

[181] S. oben S. 82.

**Inwiefern hast du persönlich von der Kunst in der Kommune profitiert?
Würdest du sagen, dass es für dich eine Zeit der künstlerischen Ausbildung
war? Immerhin hast du sie als Musiker betreten und als bildender Künstler
wieder verlassen...**

Rückblickend lässt sich sagen, dass trotz der allgemeinen Unterdrückung und Frei-
heitseinschränkungen in der Kommune künstlerisch einiges zu lernen war. Man hat mir
berichtet, dass es zu der Zeit an mancher Kunstakademie in Deutschland zumindest
künstlerisch nicht wesentlich weniger autoritär und eingeschränkt zuging. Nicht nur ich
habe davon profitiert, sondern auch einige andere, die jetzt weiterhin künstlerisch tätig
sind. Ich konnte neben Techniken der Zeichnung, der Malerei, der Aktionskunst auch
meine künstlerische Einstellung bekräftigen, unabhängig und unbeirrt meinen Weg zu
gehen, auch wenn gerade dies paradoxerweise in der Gruppe nicht praktikabel war. Ich
konnte mir einen kunsthistorischen Überblick beschaffen, und viele Möglichkeiten des
künstlerischen Ausdrucks intensiv üben. Mein Blick wurde geschult und ich entwickelte
einen Sinn für Form und Zusammenhänge sowie ein intuitives Verständnis für das
Künstlerische im Allgemeinen. Gelernt habe ich auch, nie in der Routine zu verharren,
immer wieder das Erreichte in Frage zu stellen, experimentierfreudig zu bleiben, jederzeit in der Lage zu sein, von Null neu anzufangen.

Was ich nicht übernommen habe, auch wenn ich es lange geübt habe, ist das Primat der
Vitalität, von Mühl das „Energetische" oder auch die „Raserei" genannt, d.h. die automati-
sche, wilde Geste, die möglichst von jedem Denken abgekoppelt sein möge und so zum
reinen „psychischen Ausdruck" führen soll. Dies halte ich persönlich für einen künstlerischen Irrweg. Es taugt höchstens als Mittel, das man sparsam einsetzen kann.

Auch von der obsessiven quasi Omnipräsenz der Sexualität in der Mühlchen Kunst
habe ich mich früh distanziert.

Ich gehe davon aus, dass ich ohne den Aufenthalt in dieser Gemeinschaft und der
Begegnung mit Otto Mühl, mit Theo Altenberg und den vielen Künstlern, die zu
Besuch kamen, ohne die Mitarbeit an den *7000 Eichen* von Beuys und auch ohne die
Anregung durch die künstlerische Haltung von Rudolfson und anderen Mitstreitern
meinen künstlerischen Weg niemals mit der Konsequenz gegangen wäre, die ich seit
meinem Ausscheiden aus der Kommune an den Tag legte.

6 VERSCHMELZUNG UND KERNSCHMELZE

EINE WIDERSPRUCHSVOLLE ENTWICKLUNG

Die *Zerstörung des Tafelbildes*[182] stellte für Mühl die Gründungsstunde seiner Version des Wiener Aktionismus[183], der Materialaktion dar. Die Mal-Handlung wurde zunächst auf der aktionistischen Bühne - sprich im Kunstkontext - in die reale Handlung mit Menschen und Materialien verlagert. Von dort aus bedurfte es nur eines Anstoßes aus seinem Privatleben[184], damit es zu der Übertragung der künstlerischen Geste in die soziale Wirklichkeit der Gruppe kommt.

Für die Wiederaufnahme der Malerei und die damit verbundene Rehabilitierung des Tafelbildes nach einigen Jahren Im Rahmen der Kommune fehlte jedoch jedwede konzeptuelle Grundlage. Sie erfolgte wie nebenbei, wurde allmählich zur Routine und war vielleicht deshalb von Anfang an ein eher lästiges Element des Zusammenlebens, welches im Lauf der Jahre zwar eine zunehmend größere Rolle spielte, sich dennoch nur schwer in das Selbstverständnis des Gruppenlebens einordnen ließ.

Mit der Einführung der abendlichen Zeichenkurse im Jahr 1978 wurde für alle ein gravierender Widerspruch sichtbar zu dem, was Mühl nicht müde war zu wiederholen: *schon heute müssen wir einen künstler, der sich damit abfindet bilder, skulpturen, oder andere kunstgegenstände, objekte und aktionen zu produzieren [...] , als einen menschen bezeichnen, der weit hinter seiner zeit lebt. Oder noch: das kunstwerk ist die ersatzwirklichkeit, das vergoldete schaufenster trostloser kleinfamilienwirklichkeit.*[185] Otto signierte seine Zeichnungen und sie wurden dann sorgfältig gesammelt[186].

Schleichend wurde einzig für ihn eine Künstlerrolle wieder eingeführt, die offiziell und für alle anderen verpönt war und blieb. Eine Begründung dafür war, dass Ottos Zeichnungen gut waren, diejenigen der übrigen Kommunarden hingegen generell schlecht und daher wertlos. Es Hieß außerdem, Otto sei in seiner persönlichen

---

[182] S. oben S. 52.

[183] Die Bezeichnung Wiener Aktionismus geht auf Peter Weibel zurück, der die Aktionen von Brus, Mühl, Nitsch und Schwarzkogler in Anlehnung an die amerikanische Aktionistische Malerei so nannte.

[184] Nach dem Zusammenbruch seiner Ehe, entschied Mühl, nie wieder in Zweierbeziehung zu leben. Er stellte seine Wohnung zur Verfügung für eine WG. Die Kommune war geboren. Vgl. muehl, otto, *Weg aus dem Sumpf*, S. 179 ff.

[185] *Das AA Modell Band 1*, S. 217.

[186] S. oben S. 28.

Entwicklung bereits soweit, dass er seine Werke sammeln könne, ohne emotionalen Schaden davon zu tragen. Andere würden hingegen sofort „abheben"[187].

Doch die Qualitätskriterien legte Mühl selbst fest. Zwar war er tatsächlich in der Lage, aufgrund seiner Ausbildung und Erfahrung ein Qualitätsurteil über eine Zeichnung zu fällen, doch es ging ihm stets nur um das Einhalten des von ihm zurzeit gerade bevorzugten Stils. Nur äußerst selten fanden gute Zeichnungen auch Ottos Billigung. Bilder, die anders gefertigt waren als verlangt – was selten vorkam –, wurden ohne Rücksicht auf deren Qualität systematisch wie faktisch zerrissen.

Im Übrigen wurde mit dem Gedanken gespielt, Ottos Werke gewinnbringend zu verkaufen und damit die Kommune zu finanzieren[188], was niemals wirklich der Fall war[189].

Die Paradoxie war jedenfalls perfekt: Einerseits wurde der Kunstmarkt abgelehnt, die Künstlerrolle verpönt, andererseits waren Mühls Werke insofern gut, als sie als marktgerecht gewähnt wurden.

Am 16.10.1989 schrieb Dieter Reichert kurz vor seinem Auszug: *ein gutteil* [des Kommune-Vermögens (A.d.V.)] *ist sponsoring für den erfolglosen o.m.* (Otto Mühl (A.d.V.)). s*ein durchbruch am kunstmarkt (der seit Jahrzehnten auf sich warten lässt) kostet längst millionen. er lässt reihenweise kunstmarktgrößen am fh* [Friedrichshof (A.d.V.)] *und el cabrito einfliegen. bisher weitgehend ohne erfolg. nur szeemann äußerte sympathien. aber werden sie sich auch in kursen realisieren? es sei ihm gegönnt dem verschmähten, dem der kunstmarkt so egal ist, daß er seit jahren nichts besseres zu tun hat, als die künstlerische fahne nach marktchancen flattern zu lassen. mit dem geld der redlich arbeitenden sektenmitglieder.*

Die große Mehrheit der Kommunarden konnte den *status quo* in Sache Kunst ohne weiteres akzeptieren, waren sie in der Tat wenig talentiert und hatten wenig Interesse, sich künstlerisch zu artikulieren. Sie sahen in dieser „strengen Schule" einen Weg der persönlichen Bewusstseinsentwicklung und zeichneten und malten fleißig nach Mühls Kanon in der Hoffnung, zumindest zum Teil seine als ideal angesehene

---

[187] Ein typischer Kommune-Ausdruck, als Bezeichnung für „Überheblich werden" sehr häufig angewendet.

[188] Vgl. otmar bauer, *1968 / autographische notizen*, S. 113.

[189] Einige Bilder wurden wohl ab und zu verkauft. Doch gab es darüber zu keiner Zeit einen Bericht. Es kann nur darüber spekuliert werden, ob die inoffiziellen Einnahmen aus Ottos Kunst direkt in die Beschaffung von Drogen geflossen sind.

Lockerheit in Kommunikation und Sexualität zu erreichen. *[…] die von Otto Muehl geleiteten Zeichen- und Malkurse [...] [dienten] weniger der Ausbildung zum Künstler, denn dem Erkennen der eigenen charakterlichen Unzulänglichkeit.*[190]

So wurde von den meisten Beteiligten die Kunst zu einem rein therapeutischen Instrument umfunktioniert. Kunst wurde zu etwas Entrücktem, das nicht mehr in Bezug zur Realität, zu einem Forschungsprojekt, einer Idee oder zu einer ästhetischen Haltung stand, sondern sich nur noch um die eigene Befindlichkeit drehte. Viele Jahre später schrieb eine langjährige Kommunardin:

Über den Weg der Kunst lernte ich im Laufe der Jahre meine Gefühle kennen und mutiger zu gestalten. Ich lernte sie zuzuordnen. Ich lernte mich mit ihnen bewusst zu konfrontieren und wurde nicht mehr so stark von ihnen überrannt. Ich lernte letztendlich dadurch mein Gefühlsleben selbst aktiv in die Hand zu nehmen, wodurch ich meine Beziehungs- und Kontaktfähigkeiten deutlich verbesserte, viel besser als früher meine Anliegen auch öffentlich durchsetzen konnte und Mut und Vertrauen fasste in meinen eigenen kreativen Fluss.[191]

Andere konnten erst im Nachhinein verstehen, was sie über die vielen Jahre gelernt hatten, so der heute frei schaffende Künstler Martin Stiefel: *Im Prinzip bin ich den Studien von Otto Mühl gefolgt. Wir haben Cézanne und van Gogh studiert, viel gezeichnet und gemalt - sehr tachistisch. Manchmal wars so extrem, dass der Pinsel dabei abgebrochen ist. Das waren tolle Erlebnisse. Im Nachhinein würde ich sagen, dass mir erst nach dem Ende der Kommune wirklich klar wurde was ich die ganze Zeit über so untergründig aufgesaugt habe. Mühl ist nämlich sehr unideologisch in diesen Studien vorgegangen. Er hat nie gezögert, auch andere Blickwinkel einzunehmen, eigene Arbeiten zu kritisieren. Er hat sich viele Dinge genau angeschaut ist in die Tiefe gegangen. [...] Seine Art, ganz unideologisch und unvoreingenommen den Impulsen zu folgen, die er so im Moment verspürte, das habe ich mitgenommen. Dieses ganz im Moment sein hat er für sich selbst praktiziert und die ganze Kommune-Kohorte musste ihm folgen. Dass seine Schüler ihren eigenen Inbildern folgen, konnte er nicht aushalten. Das war eine ganz strenge Schule. Der Widerspruch zwi-*

---

[190] *die kommune /eine chronologie von karl iro goldblat*, 2003, in: Peter Noever, *otto muehl leben / kunst / werk, aktion utopie malerei 1960 – 2004.*
[191] Birgit Weidmann, *Mein Leben in der Muehl-Kommune / Eine Erzählung*, S. 43.

schen individueller Entfaltung und einer engen Gemeinschaft ist einfach ganz schwer aufzulösen.[192]

Die Minderheit der Kunstinteressierten unter den Kommunarden übte sich im Verdrängen. Waren sie zu Anfang von Mühls Versprechen einer reinen und reinigenden Kunst angezogen worden, einer Kunst befreit von Gesellschaftlichem, Politischem und vor allem vom Markt-Zwang[193], ja sogar einer Kunst als Vorstufe zum Paradies, so wurden sie nach und nach damit konfrontiert, dass diese vermeintliche Befreiung in Wahrheit eine strenge Uniformisierung bedeutete. Einigen gelang es, innerhalb der genannten Einschränkungen gute Zeichner bzw. Maler zu werden. Doch keine und keiner durfte sich in diesen Medien individuell weiterentwickeln. Diejenigen, die bereits eine künstlerische Ausbildung genossen hatten, mussten sich besonders zurückhalten. Eine individuelle künstlerische Artikulation galt als asozial bzw. wurde als Gefahr für den Zusammenhalt der Gemeinschaft empfunden. Für deren Versuch drohte Strukturabstieg und somit ein schmerzlicher wenn auch nur vorübergehender Verlust an Ansehen und Einfluss. Dies musste z.B. Julian (Name verändert), studierter Kunstlehrer erfahren, als er eine Studie nach Rembrandt anfertigte und diese Otto zur Beurteilung vorlegte. Fassungslos musste er einen Sturm von Beschimpfungen ertragen.

Peter Stoeckl zitiert in seiner Studie *Kommune und Ritual* [194] einen Kommunarden unter dem Pseudonymen Philipp: *Da hatte ich eine Landschaft gemalt, pointillistisch wie Pizarro [sic], und die Carola [Pseudonym (A.d.V.)] ist vorbeigekommen und hat gesagt, wie steif ich male. Und so eine Woche später habe ich mir gesagt, ich geh jetzt nicht mehr zu den Malkursen, ich versteck mich irgendwo in einer Höhle und male, wie ich will. Ich meine, es hat mir gereicht.*

Folgerichtig beschreibt Otmar Bauer seine ein Jahr vor seinem Auszug geschaffenen großen Skulpturen als politisch - allein aus dem Grund, dass sie für alle sichtbar waren. Als Mühl auf El Cabrito ihn dazu auffordern wollte, lieber sich im Zeichnen zu verbessern, als seine Skulpturen herzustellen, war seine Reaktion: *nix da, din a4*

---

[192] Aus einem Gespräch von Elke Richly mit dem Künstler Martin Stiefel, im Katalog „Wassersachen", 2010, Galerie in Bewegung (Hg.).

[193] *Kunst macht glücklich, glaube ich. Wenn ich nicht kämpfen muß auf dem Kunstmarkt [...].* Otto Mühl in: *Gespräche mit Beuys Wien - Friedrichshof 1983*, S. 17.

[194] Peter Stoeckl, *Kommune und Ritual: Das Scheitern einer utopischen Gemeinschaft*, 1994, Campus Verlag GmbH Frankfurt/Main, S. 184.

kann man wegstecken, meine bald übermannshohen skulpturen [...] sind unüber-
sehbar, das ist politische kunst. [195]

Von einzelnen wurde immer wieder versucht, eigene Arbeiten vor der systemati-
schen Entsorgung zu retten, meistens jedoch vergeblich[196]. Die einzige Möglichkeit
war, im eigenen Tagebuch zu zeichnen und zu malen. Beinahe jede Kommunardin
und jeder Kommunarde führte ein Tagebuch. Es stellte den einzigen individuellen
privaten Raum dar, den es in der Gruppe überhaupt noch gab. Überraschenderweise
wurden die Tagebücher nicht kontrolliert[197], wurde doch meist zu Recht auf die
Selbstdisziplin des Einzelnen vertraut.

Dass eine künstlerische Entfaltung nicht gestattet war, hatte aus der Sicht der
Gemeinschaft den Vorteil, dass alle ohne Rücksicht auf Talent oder besondere
Fähigkeiten an die Kunst in der eben beschriebenen Form herangeführt wurden. Und
tatsächlich war es so, dass alle nach Jahren der Übung einen gewissen Grad an
Zeichnerischer und malerischer Fertigkeit erreichten auch weil es zum Alltagsrhyth-
mus gehörte und keiner sich diesem entziehen konnte.

Das permanente und ritualisierte Üben in Zeichnung, Malerei, Selbstdarstellung (neben
Sexualität und Alltagskommunikation*[198]*) machte allerdings aus der vermeintlich anti-
religiösen und sogar anti-metaphysischen Gemeinschaft*[199]* paradoxerweise eine Art
spirituelles Zentrum, ein Kunst-Kloster. Diese Antinomie wurde bei der bildenden Kunst
besonders sichtbar: Diese wurde dadurch *ad absurdum* geführt, dass die permanente
Kunstpraxis für alle außer Mühl nie zu einem greifbaren Produkt, Fortschritt oder Erfolg
führte. Wolf Rudolfson formuliert es so: *Es war eine fruchtlose, kunstlose Zeit, obwohl*
jahrelang nach Modell gezeichnet und gemalt wurde[200].

---

[195] otmar bauer, *1968 / autographische notizen*, S. 168.

[196] *Erst ab 1988 wurde dem V. möglich damals in der Münchner Gruppe, seine täglichen Aktzeichnun-*
gen und andere kleinformatige Arbeiten − mehr oder weniger heimlich - zu sammeln. Ein früherer
Versuch 1986 am FH, eigene Malereien zu sammeln, scheiterte insofern, als nach mehreren Monaten
Abwesenheit die Bilder nicht wieder gefunden werden konnten. Sie wurden wohl entdeckt und
entsorgt.(A. d. V.).

[197] bis zum großen Autodafé 1989 / siehe Epilog S. 148.

[198] Diese Kategorien wurden ebenso als Kunst betrachtet (siehe: Das Fundament der Mühl Kommune S. 12).

[199] Vgl. Robert Fleck, *Die Mühl-Kommune, freie Sexualität und Aktionismus. Geschichte eines*
Experiments, S. 151.

[200] In einer Privatkorrespondenz mit dem Autor 2013.

Offensichtlich belegten einige Mitglieder die Gruppeninhalte ohnehin mit spirituellen Werten, wanderten sie doch direkt nach Auflösung der Kommune in spirituelle Übungsgemeinschaften wie Tantra-, Osho- u.ä. esoterische Selbsterfahrungsgruppen.

Dieter Reichert beschrieb die künstlerischen Gruppenaktivitäten als *zeitverpflichtungen quasi religiöser art.*[201]

Prof. Peter Stoeckls Deutung jenes Phänomens lautet: *In einer Gemeinschaft, die sich als diesseitsorientiert und streng atheistisch versteht, liegt es nahe, dass Religion als sinnstiftende Institution von der entwicklungsgeschichtlich eng mit dieser verwandten Institution Kunst ersetzt wird.*[202]

Ob man die Kunst in der Kommune als Religionsersatz sehen kann, sei dahingestellt. Einige Indizien legen es nahe. Doch es zeigte sich, dass Kunst ein großes Sprengkraft-Potenzial bereithält. Dies wiederum kann die Konsequenz und teilweise die Brutalität[203] erklären, mit der Mühl, der es als Altaktionist wissen musste, die Kunstbeschränkungen durchsetzte.

DIE WIEDERERLANGUNG DER INDIVIDUALITÄT UND DIE FOLGEN

Die Sonderrolle der rebellischen Künstler in der Kommune ist nicht ohne Ähnlichkeit mit derjenigen, die die Künstler der Bohême-Bewegung im frühen 20. Jahrhundert bekleideten. Auch ist diese Rebellion mit dem Aufbruch der Wiener Aktionisten in den 1960er. Jahre unverkennbar verwandt. Insofern hat die Kunst hier eine Rolle gespielt, die man ihr in unterschiedlichen historischen Kontexten ohnehin zuschreibt. Erneut wurde demonstriert, dass die Kunst in jeder erdenklichen Situation immer in der Lage ist, Befreiungsenergien freizusetzen.

Darüber hinaus war das von wenigen Mitgliedern an den Tag gelegte Verhalten symptomatisch für die Krankheit eines Experiments, das von Beginn an auf falschen Prämissen basierte.

Aus der von Mühl anfangs intendierten Zusammenfügung von Kunst und Leben war eine Verschmelzung der Individuen mit der Gemeinschaft geworden, ja sogar eine

---

[201] Tagebuch -2- 15.5.1988.
[202] Peter Stoeckl, *Kommune und Ritual: Das Scheitern einer utopischen Gemeinschaft,* S. 176.
[203] Unmittelbar nach Bellas und Otmars Auszug ließ Mühl deren Häuschen samt darin installierten Kunstwerken sowie den Brennofen mit einer Planierraupe vollständig ausräumen.

Verschmelzung der Kommunarden mit ihrem Oberhaupt. Das selbst auferlegte Verbot der Zweierbeziehung und der Liebe, die aufgehobene Verantwortung für die Verwaltung des Geldes sowie andere Vergemeinschaftungsmaßnahmen und die Einschränkungen beim Malen, Zeichnen, Musizieren, etc. alles in der Mühlkommune trug zu einem Verlust der Selbstbestimmung jedes Einzelnen und damit zur Entmündigung und Entindividualisierung der Mitglieder bei. Dieter Reichert drückte es so aus: *ich bin dissoziiert.*

ich bin depersonalisiert.
ich bin nicht mehr ich.
haben sie mich gesehen.
sie kennen mich doch.
ich kenne mich nicht wieder.
was ist mir?[204]

Einzig und allein ist Otto Mühl *als rituell Ältester [...] stets außerhalb der Normen seiner Gemeinschaft gestanden*[205.] Als einziger blieb er in vielen Lebensbereichen und vor allem in der Kunst weitgehend selbstbestimmt.

Die künstlerische Unabhängigkeitserklärung weniger Kommunarden bedeutete für sie selbst eine gewaltige emotionale Belastung. Sie verlangte Mut und Entschlossenheit. Das Ausscheren aus den ästhetischen Konventionen brachte einen Verzicht auf Ansehen mit sich, der sich in Form von Struktur- Abstieg oder gar -Ausschluss und Verlust an der ohnehin spärlich verbliebenen Verantwortung innerhalb der Gemeinschaft niederschlug. Neben der regelmäßigen öffentlichen Diffamierung durch Otto Mühl mussten die „freien Künstler" auch eine weitestgehende Ausklammerung aus der gemeinsamen Sexualität ertragen, da potentielle Sexualpartner sich von den Außenseitern automatisch distanzierten. Dieser Ausschluss verstärkte die Zweierbeziehungen, die die Betroffenen bereits eingegangen waren. So entstand ein Sog, der sie immer tiefer in eine Sonderrolle mitriss. Der Gewinn für die Beteiligten war die wieder erlangte Individualität [206] als Voraussetzung für autonomes Kunst-

---

[204] Aus dem *tagebuch*, 4.11.1988 -2-
[205] Peter Stoeckl, *Kommune und Ritual: Das Scheitern einer utopischen Gemeinschaft*, S.183
[206] Vgl. Volker Gerhardt, , *Individualität das Element der Welt*, 2000, Verlag C.H. Beck, München, Kapitel IV/2: *Individualisierung durch Sexualität* und Kapitel IV/9: *Die Kultur aus dem Werk.*

schaffen[207]. Diese Reise musste dann für alle im Auszug aus der Kommune enden, gab es doch dort keinen Platz für individuelle Entwicklung in Kunst und Persönlichkeit ebensowenig wie für Diskussion und Demokratie - im Grunde eine Vorwegnahme dessen, was ohnehin kurz darauf passierte: Die Kernschmelze und Auflösung der gesamten Gemeinschaft.

DER SCHLÜSSEL ZUM PARADIES

Von Van Goghs Idee eines „atelier du sud" über das Kollektivexperiment MonteVerità, Alan Kaprows *un-artist*-Begriff und Josef Beuys' *jeder Mensch ist ein Künstler* bis zur Mühl-Kommune war und bleibt die Verschmelzung von Kunst und Leben eine beliebte Vorstellung. In dieser verbirgt sich der Gedanke, die gesellschaftlich bedingte Fremdbestimmung des Einzelnen mit der künstlerisch intendierten Selbstbestimmung in Einklang zu bringen[208]. Dabei hätte der Typus des Künstlergenies ausgedient, verkörpert er doch jenen Gegensatz. Jeder Mensch wäre in der Lage, sich sozial und ökonomisch in die Gesellschaft einzubringen, während er sich permanent ästhetisch-künstlerisch artikuliert.

Ein wie auch immer gearteter Kunstmarkt sowie ein Zurschaustellen von Artefakten wären dann überflüssig.

In der Praxis jedoch scheint der Widerspruch zwischen dem künstlerischen Paradigma des Einzigartigen und den Bedingungen einer homogenen Gemeinschaft unüberwindbar.

Im Experiment „Kommune", das Theo Altenberg als *„Paradies-Experiment"* bezeichnet, zeigte sich, dass es entweder im Paradies keine freie Kunst oder dort, wo die Kunst frei ist, kein Paradies geben kann. Entgegen Mühls Verkündigung des Paradieses als Verheißung der Kunst scheint es, als könne sich Kunst nur dort entfalten, wo zwischenmenschliche Reibungen und andere Trägheitsmomente im sozialen

---

[207] *Kunst ist ein System der Begründung von Aussagen aus der Individualität der Aussagenurheber heraus. […] Wann immer ein Mensch seine Sachen vertritt, ausschließlich auf sein eigenes Beispiel gestützt und nicht auf Papst und Kirche, auf Partei oder Markterfolg, dann ist er Künstler. Er ist nicht Künstler, weil er malt und musiziert.* Bazon Brock in einem Gespräch mit Monika Fleischmann und Ulrike Reinhard in der Bonner Kunsthalle im Juni 2004 über die Themen des Buches: Bazon Brock, *Digitale Transformationen*, Hg. Monika Fleischmann, Ulrike Reinhard, 2004. Auch wenn diese Aussage über das Wesen von Kunst apodiktisch anmutet, kann man nicht leugnen, dass Individualität zumindest eine wichtige Bedingung von Kunstschaffen darstellt.
[208] Vgl. Michael Lingner / Rainer Walther, *Paradoxien künstlerischer Praxis. Die Aufhebung der Autonomie des Ästhetischen durch die Finalisierung der Kunst,* in *Kunstforum International,* 1984, Band 76.

Miteinander aufkommen, an denen sie sich entflammen kann. Dort aber, wo mit welchen Mitteln auch immer versucht wird, die für menschliche Gesellschaften typischen sozialen Divergenzen zu umgehen, verliert die Kunst die Grundlage ihrer Vielfältigkeit. Erst dann, wenn Konflikte zugelassen werden, eröffnet sich ihr erneut die Möglichkeit zu Virulenz und Radikalität.

Die Basis für die lang anhaltende Stabilität der Kommune war die sogenannte Struktur, die als übergreifender Bewertungsmaßstab und Ordnungsprinzip galt. Damit diese funktioniert, mussten alle Differenzierungsmöglichkeiten wie z.B. materielle, sexuelle oder künstlerische Präferenzen ausgeschaltet werden. Hätte sich die Kunst frei entfalten dürfen, so hätte dies automatisch zu einer Ungleichheit unter den Kommunarden geführt, da es bessere und schlechtere Künstler gegeben hätte und solche, die sich durch Nicht-Beteiligung aus diesem Medium ausgeschlossen hätten. *Die Kunst soll nicht einzelnen vorbehalten sein, das soll niemand besserer sein!* [sic], beteuert Mühl 1983 gegenüber Beuys[209], seine eigene Rolle leugnend.

Die künstlich hergestellte Gleichheit unter den Kommunarden mit Mühl als alles überragendem Leuchtturm in allen Disziplinen machte es möglich, eine (zunächst) flexible Rangordnung zu etablieren, die sich über ein einziges Kriterium artikulierte: die erreichte Stufe in der Bewusstseinsentwicklung. Alle Reibungen und Konflikte wurden in den Kampf um einen besseren Strukturplatz durch bewussteres Verhalten im Sinne des Kommune-Ganzen verlagert. Jeder war aufgefordert, sich im Sinne der Bewusstseinsentwicklung zu profilieren. Der Versuch, sich in einem der gleichgeschalteten Bereiche abzuheben, führte zu Verfolgung und Bestrafung, in jedem Falle zu einer Herabsetzung in der Struktur.

Insofern war die Struktur der vermeintliche Schlüssel zum Paradies, verstanden als ein Ort der materiellen, sexuellen und künstlerischen Gleichheit. So gesehen, war es nur folgerichtig, dass Mühl das Verbot der individuellen künstlerischen Artikulation vehement durchsetzte.

Konsequenterweise muss hier allerdings die Frage gestellt werden, ob die Kommune-Malerei des Otto Mühl tatsächlich als frei bezeichnet werden kann oder ob sie nicht primär ihrer Leuchtturm-Funktion folgte, wegweisend für die übrige, gleichgeschaltete Kunstaktivität innerhalb der Kommune. Mühl selbst pflegte seine Kunst als

---

[209] *Gespräche mit Beuys Wien - Friedrichshof 1983,* S.17.

gemeinschaftskunst / kollektive kunst zu bezeichnen, da sie *das weltbild eines kollektivs vertritt.*[210] Somit wäre sie funktionsgebunden und könnte ebensowenig wie die Kunst der übrigen Kommunarden als autonom angesehen werden.

Das Atelier von Arles scheiterte bereits bei nur zwei Beteiligten kläglich; Monte Verità endete im Chaos zwischen Geisteskrankheit und Geld-Macht-Gerangel, Kaprow blieb bei punktuellen Experimenten im mittelbaren künstlerischen Kontext und der einzige *un-artist*. Beuys setzte auf politische Aktion, u.a. auf die Idee der direkten Demokratie, die zum Idealziel führen sollte. Dabei baute er im Widersinn zu seinem berühmten Spruch seinen eigenen Genie-Mythos auf. Sein Ausstieg aus der Kunst war ironisch gemeint und äußerte sich nur symbolisch in Form einer Postkartenauflage[211]. Mühl seinerseits, der immerhin den Mut hatte, die Idee direkt in Lebenspraxis umzusetzen und viele Menschen davon überzeugen konnte, wurde von der „real utopischen" Situation über-fordert. Er reagierte paranoid auf die Bestrebungen seiner Mitstreiter, selbstständig Originelles zu schaffen und verfiel am Ende, geblendet vom eigenen Lichtstrahl, dem Machtrausch. Übriggeblieben ist von ihm aus der Kommunezeit ein bildnerisches Werk, das, abgesehen von der oben gestellten Frage, immer mit dem Nachhall des Macht-missbrauchs und nicht zuletzt des Missbrauchs minderjähriger Mädchen stigmatisiert bleiben wird. Einzig sein aktionistisches Werk im Kontext der 1960er Jahre bleibt davon unberührt und unbestritten kunsthistorisch bedeutsam.

Die Kommune-Mitstreiter sind in aller Welt verstreut. Viele sind künstlerisch aktiv geblieben, nur wenige – ca.15 – jedoch mit professionellem Anspruch; die meisten malen, einige sind musikalisch tätig. Bemerkenswerterweise gehört Rudolfson nicht dazu. Er entschied sich nach seinem Auszug für ein geregeltes, bürgerliches Leben und betreibt seitdem wie viele andere „Ehemalige" auch Kunst als Hobby.

---

[210] Otto Mühl, aus einem Entwurf für einen Katalogtext im Nachlass von Dieter Reichert datiert v. 29.10.1986).
[211] *Hiermit trete ich aus der Kunst aus*, Josef Beuys, Postkartenmultiple aus dem Jahr 1985.

EPILOG

Es gibt Momente, da der Friedrichshof wie verlassen anmutet. Die Wege und Höfe sind leer, die Luft ist still, nichts rührt sich. Nichts erinnert an das sonst brodelnde Kommune-Leben. Genauso ist es an diesem frühen Nachmittag. Keine der Stadtgruppen ist an einem solchen Herbst-Wochentag zu Besuch, die Leute gehen ihren Beschäftigungen nach, sei es Arbeit, sei es um diese Zeit einer spontanen oder auch wohl geplanten Sex-Pause.

Vor dem sog. Flugdach[212] steht allein die kleine 12 Jährige J. Sie wundert sich über die vielen Malinstrumente und Materialien, die dort vorbereitet sind. Auf einem großen Tisch liegt eine ebenso große Leinwand bereit. Es dauert nicht lange, da taucht Otto im weißen Malerkittel um die Ecke auf. Bis auf den Kameramann, der ihm filmend folgt[213], ist er vorerst allein. Er scheint es eilig zu haben, guckt weder rechts noch links sondern schreitet direkt auf die Leinwand zu. Die Szene ist insofern ungewöhnlich, als Mühl normalerweise nicht ohne ein zahlreiches Gefolge unterwegs ist und auch nicht draußen vor dem alten Holzhangar malt (eine Ausnahme war die Fertigung der Asphaltbilder[214], die genau dort stattfand). Ungewohnt ist auch, dass Otto so früh unterwegs ist. Normalerweise schläft er zu dieser Stunde noch, ist er doch mit seinen engsten Vertrauten bis ins Morgengrauen auf. Man munkelt, dass in diesen endlosen nächtlichen Sitzungen Kokain-Konsum eine Rolle spielt. So genau weiß man das nicht. Diejenigen, die es wissen, schweigen beharrlich.

Heute scheint aber vor dem Holzbau ein wichtiges Anliegen auf Mühl zu warten. Neben dem Tisch stehen mehrere Kübel voll schwarz-grauem Pulver.

Heiner (Name verändert), Friedrichshofs Farbenmischer, taucht aus der Farbenwerkstatt auf. Er trägt wie immer seinen mit Farbresten beschmutzten grauen Kittel. Heute musste er seinen gewohnten Tagesrhythmus abändern. Er musste früh mit den Vorbereitungen anfangen. Spät abends am Vortag hatte man ihn ausfindig gemacht, um ihm den Auftrag zu übertragen, alles für die außergewöhnliche Aktion fertig zu machen.

---

[212] S. oben S. 44.
[213] Jeder Öffentlicher Auftritt von Mühl wurde per Video dokumentiert.
[214] S. oben S. 100.

Die Zeiten haben sich geändert. Der Druck von außen durch einige „Ausgezogene" ist enorm geworden. Es kursiert das Gerücht, dass eine Anklage gegen Otto erhoben werden könnte. Man hört von Anwälten, die sich mit dem Fall vertraut machen. Die Presse bringt immer wieder unangenehme, belastende Berichte heraus.

Die panikartige Entscheidung ist gefallen, als Otto sich noch auf El Cabrito aufhielt: Es sollten alle Tagebücher der Kommunarden am Friedrichshof umgehend eingesammelt werden, besonders die der Kinder. Weite Teile der *doku*[215] sollten zusammen mit den Tagebüchern verbrannt werden. Was vom Archiv unbedingt erhalten bleiben musste, sollte incognito nach Wien in einen dafür angemieteten Büroraum transportiert werden, dessen Adresse streng geheim gehalten wurde.

Für die Ausführung der Zerstöraktion am Friedrichshof ist Sven (Name verändert) verantwortlich. Die Aufgabe wird besonders ernst genommen und mit besonderer Gründlichkeit durchgeführt. Nur wenige wagen es, sich dem Abgabebefehl zu widersetzen, indem sie ihre persönlichen Schriften einfallsreich verstecken. Innerhalb weniger Tagen kommen mehrere Tonnen Material zusammen. Der riesige zentrale Heizkessel bleibt trotz Sommerwetters tagelang in Hochbetrieb.

Erst als er am Friedrichshof zurück ist, hat Otto die zweifelhafte Idee, aus der Asche des großen Autodafés Bilder herzustellen. Meint er vielleicht, das Geschriebene so irgendwie doch noch in die Ewigkeit zu retten?

Mit der üblichen Heiterkeit macht er sich an jenem Nachmittag ans Werk. Zunächst überstreicht Heiner die Leinwand dick mit Acrylharz. Dann greift Mühl mit Schutzhandschuhen ins schwarz-graue Pulver und verteilt es vergnüglich auf die Fläche. Offensichtlich ist er in seinem Element, hat er doch in den Materialaktionen von früher häufig Mehl und andere Farbpulver mit erhabener Geste zerstäubt. Für ihn ist diese Asche scheinbar ein ganz normales Material wie jedes andere auch[216]. Ein Gefühl für das Empfinden seiner Mitmenschen scheint ihm vollkommen abhanden gekommen zu sein.

Einstweilen hat sich eine beachtliche Ansammlung von Schaulustigen eingefunden. Doch das komische Gefühl, dass Otto mit dieser Handlung gerade seine Macht aufs Übelste missbraucht, sein sarkastischer Spaß daran, den jeder fühlt, dämpft die

---

[215] S. oben S. 10.
[216] Das wird er später während seines Prozesses gegenüber der Richterin auch genauso bekräftigen.

sonst übliche Begeisterung. Unbeachtet dessen, macht Mühl beim Werkeln seine üblichen Witze.

An diesem Herbstnachmittag des Jahres 1989 entsteht eine ganze Serie großformatiger, mittlerweile als „Aschebilder" berüchtigte Arbeiten.

Einundzwanzig Jahre später, bei der Großen Retrospektivausstellung im Wiener Leopold Museum, müssen genau diese Bilder auf Druck ehemaliger Kommunarden von der Ausstellung zurückgezogen werden.

Otto Mühl wird diese Gelegenheit nutzen, sich schriftlich und über Dritte[217] offiziell für seine Vergehen von damals zu entschuldigen.

---

[217] Der 85 jährige, an Parkinson erkrankte Mühl ist zu diesem Zeitpunkt nicht mehr in der Lage, von Portugal nach Wien zu reisen.

Anhang

LITERATURVERZEICHNIS

AA Nachrichten Okt. 1977, AA Verlag, Neusiedl / See.

ALTENBERG, Theo, LOERS, Veit (Hg.), Museum Abteiberg ELF ZU 0, Ausstellungskatalog, 2002, Triton Verlag, Wien,.

ALTENBERG, Theo, Das Paradies Experiment, die Utopie der freien Sexualität, Kommune Friedrichshof 1973-1978, 2001, Triton Verlag, Wien.

ALTENBERG, Theo und OBERHUBER, Oswald (Hg.), Gespräche mit Beuys Wien - Friedrichshof, 1983, Friedrichshof und Hochschule für angewandte Kunst, Wien.

ART MAGAZIN, 06 /2004, Verlag Gruner und Jahr, Hamburg.

ATELIER DEL SUR (Hg.), Sala de Platanos, Ausstellungskatalog, 1989, Friedrichshof, Quelle: basis wien.

BAUER, Otmar, 1968 / autographische notizen, 2004, Edition Roesner, Maria Enzensdorf, Wien.

BROCK, Bazon, Gespräch mit Monika Fleischmann und Ulrike Reinhard in der Bonner Kunsthalle im Juni 2004 über die Themen des Buches: Digitale Transformationen, 2004, Autor: Bazon BROCK, Hg.: Monika FLEISCHMANN, Ulrike REINHARD. Unter: http://www.bazonbrock.de/werke/detail/?id=265&highlight=monika%20fleischmann (abgerufen am 5.01.2016).

Das AA Modell Band 1, 1976, AA Verlag, Neusiedl / See.

FALKENBERG, Harald (Hg.), Otto Muehl. Retrospektive, jenseits von Zucht und Ordnung, 2005, Revolver, Archiv für aktuelle Kunst, Frankfurt / Main.

FLECK, Robert, Die Mühlkommune. Freie Sexualität und Aktionismus. Geschichte eines Experiments, 2003, Verlag der Buchhandlung Walther König, Köln.

GERHARDT, Volker, Individualität, das Element der Welt, 2000, Verlag C.H. Beck, München.

HÖGE, Helmut, in: taz.blogs, 22.06.2006, unter: http://blogs.taz.de/hausmeisterblog/2006/ 08/29/weitere-landkollektive/ (abgerufen am 6.01.2016).

KLOCKER, Hubert (Hg.), Wiener Aktionismus, Wien 1960-1971, der zertrümmerte Spiegel, Band 2, 1989, Ritter Verlag, Klagenfurt.

LORENZ, Konrad, Das sogenannte Böse, 1963, Borotha-Schöler-Verlag, Wien.

MUEHL, Otto, lettres à erika 1960 - 1970, tagebuch des aktionismus, 2004, édition les presses du réel, Dijon.

MUEHL, Otto, weg aus dem sumpf, 1977, AA-Verlag, Neusiedl am See.

MUEHL, Otto, la scène des profondeurs, 2006, Interview mit Maud Benayoun, Verlag Bookstorming, Paris.

NOEVER, Peter, 2003, otto muehl, leben / kunst / werk, aktion utopie malerei 1960 - 2004, 2004, Verlag Buchhandlung Walther König, Köln.

SCHMICKL, Philipp, Interview mit Florence Burnier, 27.02.2012, Wien. Quelle: Florence Burnier.

STIEFEL, Martin, Wassersachen, Katalog, 2010, Galerie in Bewegung (Hg.), Landshut.

STOECKL, Peter, Kommune und Ritual: Das Scheitern einer utopischen Gemeinschaft, 1994, Campus Verlag GmbH, Frankfurt / Main.

WEIDMANN, Birgit, Mein Leben in der Muehl-Kommune / Eine Erzählung, unter: http://www.spirird.de/files/pdf/Birgits%20Texte/7und8Kap_MeinLebenMuehlKommune. pdf. (abgerufen am 5.01.2016).

NAMENSREGISTER

Altenberg Theo 12, 33, 42, 43, 51, 54, 59, 91

Amelio Lucio 27, 42, 55

Attersee Christian Ludwig 42, 55

Bauer Otmar 66, 67, 102

Beuys Josef 46, 51, 106, 108

Bianchi Paolo 14

Brandl Herbert 43

Brock Bazon 106, 113

Brus Günter 42, 48, 55, 56, 67

Brus Günter und Annie 42

Brus, Muehl, Nitsch und Schwarzkogler 54

Burnier Florence 65, 78

Carner Joe 23, 40

Cézanne Paul 47

Conz Francesco 42, 53, 57

Corner Philipp 40, 42

Davis Miles 39

Dokoupil Georg Jiri 42, 43, 55, 56

Dworak Josef 14

Ensor James 48

Federle Helmut 42, 55

Fleck Robert 14, 25, 38, 103, 113

Freud Sigmund 14, 42

Fuchs Rudi 42, 55

Gachnang Johannes 42

Gerhardt Volker 105, 113

Geyrhofer Friedrich 42

Goethe Johann Wolfgang 47

Graubner Gotthard 42, 55

Hansen Al 42

Hauser Arnold 46

Hausner 48

Hein Karlheinz 39

Hoet Jan 52, 55

Höge Helmut 32

Hölderlin 48

Iro Karl 14, 101

Kalb Kurt 42, 43

Kaprow Alan 106, 108

Karajan Herbert von 40

Kehry 52

Kippenberger Martin 43

Klocker Hubert 13, 20, 43, 113

Kreisky Bruno 52

Krinzinger Ursula 43

Krischanitz Adolf 43, 75

Lassnig Maria 42, 43, 55

Leibowitz Cary 43

Lesowsky Wolfgang 58

Ligeti György 52

Lingner Michael / Walther Rainer 106

Loers Veit 52

Lorenz Konrad 62

Malewitsch Kasimir 48

Monet Claude 42

Monteverita 108

Mühl Claudia 62

Mühl Otto 9

Munch Edward 48

Nenning Günther 52

Nietzsche 48

Nitsch Hermann 42, 43, 48, 55

Oberhuber Konrad 43

Oberhuber Oswald 42, 43, 52, 55

Oehlen Albert 43

Orlan 42

Ortiz Raffael 42

Paik Nam June 42, 43, 55

Penck AR 55

Pissaro Camille 102

Pohlen Annelie 52

Pollock Jackson 48

Prinzhorn Martin 43

Rabinowitsch Royden 60

Raue Peter 43

Reich Wilhelm 14

Reichert Dieter 44, 73, 82

Rimbaud Arthur 47

Roehr Peter 33

Rosenthal Norman 42, 55

Roth Dieter 33, 42, 55

Rousseau Henri 48

Rudolfson Wolf 70, 74, 103

Sailer John 42

Schulmeister Therese 41

Schumacher Emil 73

Stiefel Martin 101

Stoeckl Peter 102, 104

Sutter 48

Szeemann Harald 12, 42, 55, 57, 58, 59, 60

Van Gogh 42, 48, 106

Verlei Gitta 60

Wanner Gottfried 44, 86

Warhol Andy 33, 43, 91

Weibel Peter 43, 52

Weidmann Birgit 101

Wiener Osswald 20, 67

Wölflin 48

Wols 48

Wyrwoll Regina 60

Zobernig Heimo 43

Danke an:

- Katrin für die Unterstützung allgemein und bezüglich der Sprache.

- Wolf Rudolfson für die vielen persönlichen Informationen, die Mitarbeit bei der Auswertung Dieter Reicherts Nachlass und das aktive Mitdenken.

- Florence, Veronika für die Unterstützung.

- Isabel für die Korrektur.